BURUBULĖLIAI IR ĮKANČIAI: GALIMYBĖ PROSECCO KŪNINGA

Patobulinkite savo kulinarinę patirtį su 100 „Prosecco" skanumynų

Rytis Paulauskas

Autorių teisės Medžiaga ©2024

Viskas Teisės Rezervuota

Nr vakarėlis apie tai knyga Gegužė melstis naudojamas arba perduota in bet koks forma arba Miestas bet koks reiškia be į tinkamas parašyta sutikimas apie į leidėjai dvasia autorių teisės savininkas, išskyrus dėl trumpai citatos naudojamas in a apžvalga. Tai knyga turėtų pastaba melstis laikomas a pakaitalas dėl medicinos, legalus, arba kitas profesionalus patarimas.

TURINYS

TURINYS..3
ĮVADAS..7
PUSRYČIAI IR PRIEŠVIEJI...8
1. Prosecco blynai...9
2. Prosecco vaisių salotos...11
3. Prosecco prancūziškas skrebutis...................................13
4. Prosecco jogurto parfė...15
5. Prosecco uogų blyneliai..17
6. Prosecco pusryčiai Quinoa...20
7. Prosecco vafliai...22
8. Mini Prosecco blynų rietuvės..24
9. Keptos Prosecco spurgos..27
10. Prosecco duona..30
11. Prosecco prancūziškas skrebutis.................................33
12. Prosecco naktinės avižos...35
13. Prosecco kiaušinių puodeliai.......................................37
14. Prosecco paplotėliai..39
15. Prosecco pusryčiai Quiche..42
UŽKANDŽIAI..44
16. Bruschetta su Prosecco sumažinimu.........................45
17. Prosecco marinuotos alyvuogės..................................47
18. Prosecco krevečių iešmeliai...49
19. Ožkos sūriu įdaryti grybai..51
20. Prosecco Ceviche...53
21. Prosecco keptos kriaušės...55
22. Prosecco vaisių iešmeliai...57
23. Prosecco spragėsiai...59
24. Prosecco Guacamole...61
25. Prosecco Bruschetta..63
26. Prosecco įdarytos braškės...65

27. Prosecco agurkų kąsniai..67
28. Prosecco Trail Mix...69
29. Prosecco Energy Bites...71
PAGRINDINIS PATIEKALAS..73
30. Prosecco Risotto su krevetėmis....................................74
31. Prosecco Chicken Piccata...76
32. Lašiša su skrudintomis sėklomis ir prosecco...............79
33. Prosecco Bolognese makaronai....................................82
34. Prosecco grybų risotto..85
35. Vištiena su Pomodoro ir Prosecco padažu...................88
36. Prosecco troškinti jautienos trumpi šonkauliukai........91
37. „Prosecco" marinuota ant grotelių kepta vištiena.........94
DESERTAS..96
38. Prosecco pyragas..97
39. Prosecco sūrio fondu..101
40. Prosecco Granita...103
41. Persikas ir Prosecco Pavlova.....................................105
42. Šampanė panna cotta su uogomis..............................107
43. Braškių šampano sorbetas..110
44. Braškių ir Prosecco Pate de Fruit...............................112
45. Prosecco Vodka Vynuogės...115
46. Prosecco užpiltas medus..117
47. Rožinis Prosecco guminukas p...................................119
48. Mimozos vaisių salotos...121
49. Prosecco Macarons...123
50. Prosecco ledai...127
51. Prosecco vaisių salotos..130
52. Spanguolių - Prosecco pusryčių pyragas..................132
53. Klasikinis Prosecco pyragas.......................................135
54. Prosecco keksiukai...140
55. Kraujo apelsino Prosecco pyragas.............................143
56. Prosecco Mousse..146
57. Prosecco sūrio pyragaičiai...148
58. Prosecco torto ritinys..151
59. Prosecco popsicles...154

60. Prosecco Granita...156
61. Persikai ir uogos Prosecco..159
62. Prosecco keptos kriaušės..161
63. Prosecco Berry Parfait..163
64. Prosecco ir aviečių želė..165
65. Prosecco ir Lemon Posset...167
66. Prosecco Tiramisu..169
PARDUOTAI...171
67. Prosecco ir persikų salsa..172
68. Prosecco želė...174
69. Prosecco garstyčios..176
70. Prosecco sviestas...178
71. Prosecco citrinų varškė..180
72. Prosecco Aioli..182
73. Prosecco medaus garstyčios...184
74. Prosecco žolelių sviestas..186
75. Prosecco Salsa Verde...188
KOKTEILIAI...190
76. Aperol Spritz...191
77. Prosecco ir apelsinų sulčių mimosas................................193
78. Hibiscus Spritz..195
79. Šampano mulai..197
80. Hugo..199
81. Prosecco Mojito...201
82. Sgroppino..203
83. Prosecco Bellini...205
84. Prosecco Margarita..207
85. Prosecco Ginger Fizz...209
86. Prosecco French 75..211
87. Prosecco granatų punšas...213
88. Rubino ir rozmarino Prosecco kokteilis...........................215
89. Prosecco elderflower kokteilis...218
90. Rožinis greipfrutų kokteilis...220
91. Prosecco ananasų sorbetas..222
92. Aviečių limonadas Kokteilis..224

93. Apelsinų sorbetas Kokteilis..226
94. Elderflower Blood Orange Kokteilis.................................228
95. Prosecco ir apelsinų sultys Kokteilis..............................230
96. Pasifloros vaisius Kokteilis...232
97. Persikai Prosecco kokteilis...234
98. Ananasas Prosecco kokteilis...236
99. Prosecco Sangria..238
100. Braškių Prosecco kokteilis..240
IŠVADA..242

ĮVADAS

Sveiki atvykę į „Burbulai ir kąsniai: Prosecco Cookbook"! Šioje kulinarinėje kelionėje mes tyrinėsime žavų Prosecco pasaulį ir neįtikėtiną jo universalumą virtuvėje. Prosecco su putojančiais burbuliukais ir ryškiais skoniais suteikia elegancijos ir rafinuotumo kiekvienam patiekalui, kurį puošia. Nuo pusryčių iki užkandžių, pagrindinių patiekalų ir net pagardų – atskleisime paslaptis, kaip įtraukti Prosecco į jūsų mėgstamus receptus ir pakelti jūsų kulinarinius kūrinius į naujas aukštumas.

Šioje kulinarijos knygoje rasite kruopščiai parengtų receptų rinkinį, kuriame parodomos unikalios „Prosecco" savybės ir pabrėžiamas jo gebėjimas sustiprinti įvairius skonius. Kiekvienas receptas yra sukurtas tiksliai, pateikiant išsamius ingredientų išmatavimus ir nuoseklias instrukcijas, kurios užtikrins jūsų sėkmę virtuvėje. Nesvarbu, ar rengiate ypatingą progą, ar tiesiog norite savo kasdieniams patiekalams suteikti žvilgesio, ši kulinarijos knyga įkvėps jus tyrinėti nuostabų Prosecco patiekalų pasaulį.

Taigi griebkite savo mėgstamo Prosecco butelį, užsidėkite prijuostę ir pasiruoškite leistis į kulinarinį nuotykį, kuris sužavės jūsų skonio receptorius ir sužavės svečius. Nuo priešpiečių kokteilių iki gurmaniškų vakarienių – galimybės neribotos, kai kalbama apie Prosecco įkvėptus kūrinius. Užkimškime kamštelį ir pasinerkime į „Bubbles and Bites: The Prosecco Cookbook" pasaulį!

PUSRYČIAI IR PRIEŠVIEJI

1. <u>Prosecco blynai</u>

INGRIDIENTAI:
- 1 puodelis universalių miltų
- 1 valgomasis šaukštas cukraus
- 1 arbatinis šaukštelis kepimo miltelių
- ¼ arbatinio šaukštelio druskos
- 1 puodelis Prosecco
- ¼ puodelio pieno
- 1 kiaušinis
- 2 šaukštai lydyto sviesto

INSTRUKCIJOS:
a) Dideliame dubenyje sumaišykite miltus, cukrų, kepimo miltelius ir druską.
b) Atskirame dubenyje sumaišykite Prosecco, pieną, kiaušinį ir lydytą sviestą. Gerai ismaisyti.
c) Supilkite šlapius ingredientus į sausus ingredientus ir maišykite, kol viskas susimaišys. Nepermaišykite; keli gumuliukai yra gerai.
d) Nelipnią keptuvę arba groteles įkaitinkite ant vidutinės ugnies ir lengvai patepkite sviestu arba kepimo purškalu.
e) Supilkite ¼ puodelio tešlos ant kiekvieno blyno keptuvės.
f) Kepkite, kol paviršiuje susidarys burbuliukai, tada apverskite ir kepkite kitą pusę iki auksinės rudos spalvos.
g) Patiekite „Prosecco" blynus su mėgstamais priedais, pavyzdžiui, šviežiomis uogomis, plakta grietinėle ar klevų sirupu.

2. Prosecco vaisių salotos

INGRIDIENTAI:

- 2 puodeliai sumaišytų šviežių vaisių (tokių kaip braškės, mėlynės, avietės ir supjaustyti persikai)
- ½ puodelio Prosecco
- 1 valgomasis šaukštas medaus
- Švieži mėtų lapeliai papuošimui

INSTRUKCIJOS:

a) Dideliame dubenyje sumaišykite sumaišytus šviežius vaisius.
b) Atskirame dubenyje suplakite Prosecco ir medų, kol gerai susimaišys.
c) Supilkite Prosecco mišinį ant vaisių ir švelniai išmeskite, kad apsemtų.
d) Leiskite vaisių salotoms pastovėti apie 10 minučių, kad skoniai susimaišytų.
e) Papuoškite šviežiais mėtų lapeliais ir patiekite atšaldytą.

3. Prosecco prancūziškas skrebutis

INGRIDIENTAI:
- 4 riekelės duonos (pavyzdžiui, brioche arba prancūziška duona)
- ¾ puodelio Prosecco
- ¼ puodelio pieno
- 2 kiaušiniai
- 1 valgomasis šaukštas cukraus
- ½ arbatinio šaukštelio vanilės ekstrakto
- Sviestas kepimui
- Cukraus pudra apibarstymui (nebūtina)
- Šviežios uogos patiekimui (nebūtina)

INSTRUKCIJOS:

a) Sekliame inde suplakite Prosecco, pieną, kiaušinius, cukrų ir vanilės ekstraktą.

b) Nelipnią keptuvę arba groteles įkaitinkite ant vidutinės ugnies ir ištirpinkite gabalėlį sviesto.

c) Kiekvieną duonos riekelę panardinkite į „Prosecco" mišinį, leiskite jai išmirkti kelias sekundes iš abiejų pusių.

d) Išmirkytą duoną dėkite ant keptuvės ir kepkite iki auksinės rudos spalvos iš abiejų pusių, maždaug 2-3 minutes iš kiekvienos pusės.

e) Pakartokite su likusiomis duonos riekelėmis, jei reikia, įpilkite daugiau sviesto.

f) Jei norite, prancūziškus Prosecco skrebučius apibarstykite cukraus pudra ir patiekite su šviežiomis uogomis.

4. Prosecco jogurto parfė

INGRIDIENTAI:
- 1 puodelis graikiško jogurto
- 2 šaukštai medaus
- $\frac{1}{2}$ arbatinio šaukštelio vanilės ekstrakto
- 1 puodelis granola
- 1 puodelis sumaišytų šviežių uogų
- $\frac{1}{4}$ puodelio Prosecco

INSTRUKCIJOS:

a) Mažame dubenyje suplakite graikišką jogurtą, medų ir vanilės ekstraktą iki vientisos masės.

b) Į patiekimo stiklines ar dubenėlius sluoksniuokite graikiško jogurto mišinį, granolą, šviežias uogas ir šlakelį Prosecco.

c) Kartokite sluoksnius, kol sunaudosite ingredientus, užbaikite šlakeliu graikiško jogurto ir ant viršaus pabarstykite granolos.

d) Patiekite iš karto kaip puikų Prosecco jogurto parfė.

5. Prosecco uogų blyneliai

INGRIDIENTAI:
DĖL KREPŲ:
- 1 puodelis universalių miltų
- 2 kiaušiniai
- ½ puodelio pieno
- ½ puodelio Prosecco
- 1 valgomasis šaukštas cukraus
- ¼ arbatinio šaukštelio druskos
- Sviestas kepimui

UŽDARUI:
- 1 puodelis sumaišytų šviežių uogų
- ¼ puodelio Prosecco
- 2 šaukštai cukraus pudros

INSTRUKCIJOS:
a) Blenderyje sumaišykite miltus, kiaušinius, pieną, Prosecco, cukrų ir druską. Ištrinkite iki vientisos masės.

b) Nelipnią keptuvę arba krepų keptuvę įkaitinkite ant vidutinės ugnies ir lengvai patepkite sviestu.

c) Supilkite ¼ puodelio krepinės tešlos į keptuvę, sukite ją, kad susidarytų plonas, lygus sluoksnis.

d) Kepkite krepą apie 2 minutes, kol kraštai ims kilti, o dugnas taps švelniai auksinis. Apverskite ir kepkite kitą pusę dar minutę.

e) Pakartokite su likusia tešla, prireikus patepkite keptuvę sviestu.

f) Nedideliame puode ant silpnos ugnies kaitinkite sumaišytas šviežias uogas, Prosecco ir cukraus pudrą, kol uogos išskirs sultis ir mišinys šiek tiek sutirštės.

g) Ant kiekvieno krepinio šaukštu dėkite uogų įdaro ir sulenkite į trikampį arba susukite.

h) Patiekite Prosecco uogų blynelius šiltus, jei norite, papildomai pabarstykite cukraus pudra.

6. Prosecco pusryčiai Quinoa

INGRIDIENTAI:
- 1 puodelis quinoa
- 2 puodeliai Prosecco
- 1 puodelis pieno
- 2 šaukštai medaus
- ½ arbatinio šaukštelio vanilės ekstrakto
- Šviežios uogos ir smulkinti riešutai užpilui

INSTRUKCIJOS:

a) Kvinoją nuplaukite po šaltu vandeniu, kol vanduo taps skaidrus.

b) Puode užvirinkite Prosecco. Sudėkite nuplautą quinoa ir sumažinkite ugnį iki minimumo.

c) Uždenkite puodą ir troškinkite apie 15-20 minučių, kol quinoa suminkštės ir Prosecco susigers.

d) Atskirame puode pakaitinkite pieną, medų ir vanilės ekstraktą, kol sušils.

e) Kai kvinoja išvirs, supilkite pieno mišinį ir gerai išmaišykite, kad susimaišytų.

f) Patiekite Prosecco pusryčių kvinoją dubenėliuose ir ant viršaus uždėkite šviežių uogų ir kapotų riešutų.

7. Prosecco vafliai

INGRIDIENTAI:

- 2 puodeliai universalių miltų
- 2 šaukštai granuliuoto cukraus
- 1 valgomasis šaukštas kepimo miltelių
- $\frac{1}{2}$ arbatinio šaukštelio druskos
- 2 dideli kiaušiniai
- $1\frac{3}{4}$ stiklinės apelsinų sulčių
- $\frac{1}{4}$ puodelio nesūdyto sviesto, lydyto
- $\frac{1}{4}$ puodelio Prosecco
- 1 apelsino žievelė

INSTRUKCIJOS:

a) Dubenyje sumaišykite miltus, cukrų, kepimo miltelius ir druską.
b) Atskirame dubenyje išplakite kiaušinius. Įpilkite apelsinų sulčių, lydyto sviesto, Prosecco ir apelsino žievelės. Plakite, kol gerai susimaišys.
c) Supilkite šlapius ingredientus į sausus ingredientus ir maišykite, kol viskas susimaišys.
d) Įkaitinkite vaflinį lygintuvą ir lengvai sutepkite.
e) Supilkite tešlą ant įkaitintos vaflinės ir kepkite pagal gamintojo nurodymus.
f) Patiekite Prosecco vaflius apibarstę cukraus pudra ir šviežių apelsinų griežinėliais.

8. Mini Prosecco blynų rietuvės

INGRIDIENTAI:
BLYNAI:
- 2 puodeliai Bisquick Complete blynų ir vaflių mišinio
- ⅔ puodelio šviežių apelsinų sulčių
- ⅔ puodelio vandens

Prosecco KREMAS:
- ½ puodelio maskarponės sūrio
- Nutarkuota 1 vidutinio apelsino žievelė
- 5 šaukštai cukraus pudros
- ½ puodelio Prosecco
- ⅓ puodelio plaktos grietinėlės

Priedai:
- 4-6 šaukštai apelsinų marmelado
- Apelsinų žievelė papuošimui

INSTRUKCIJOS:
a) Įkaitinkite keptuvę arba keptuvę ant vidutinio stiprios ugnies (375°F) ir aptepkite augaliniu aliejumi.

b) Vidutiniame dubenyje suplakite blynų ingredientus šluotele. Naudodami šaukštą arba nedidelį ledų samtelį supilkite tešlą ant karštų grotelių ir suformuokite mažus blynų apskritimus. Kepkite, kol burbuliukai iššoks ant paviršiaus, tada apverskite ir kepkite iki auksinės rudos spalvos. Blynus perkelkite ant vėsinimo grotelių.

c) Nedideliame dubenyje elektriniu plaktuvu vidutiniu greičiu išplakite maskarponės sūrį, apelsino žievelę ir cukraus pudrą iki vientisos masės. Sumažinkite greitį iki mažo greičio ir švelniai plakite Prosecco iki vientisos masės. Kitame mažame dubenyje dideliu greičiu plakite grietinėlę, kol susidarys standžios smailės. Mentele švelniai įmaišykite plaktą grietinėlę į maskarponės mišinį.

d) Norėdami surinkti blynų krūvą, vieną mini blynelį padėkite ant lėkštės arba serviravimo lėkštės. Blyną aptepkite apelsinų marmeladu. Pakartokite su dar dviem blynais ir marmeladu. Viršų aptepkite Prosecco kremu ir papuoškite apelsino žievele.

9. Keptos Prosecco spurgos

INGRIDIENTAI:

Spurgos:
- 3 stiklinės miltų
- 2 arbatinius šaukštelius kepimo miltelių
- ½ arbatinio šaukštelio jūros druskos
- 4 kiaušiniai
- ¾ puodelio lydyto sviesto
- 1 puodelis cukraus
- ½ puodelio Prosecco
- 1 arbatinis šaukštelis vanilės ekstrakto
- 2 didelių bambų apelsinų žievelė ir sultys

GLAZIJA:
- 6 šaukštai Prosecco
- 2 stiklinės išsijoto cukraus pudros
- 1 apelsino žievelė

INSTRUKCIJOS:

a) Įkaitinkite orkaitę iki 350 laipsnių pagal Farenheitą (175 laipsnių Celsijaus). Spurgos formą ištepkite riebalais.

b) Dideliame dubenyje sumaišykite miltus, kepimo miltelius, jūros druską ir apelsino žievelę.

c) Kitame dubenyje suplakite cukrų, kiaušinius, Prosecco, apelsinų sultis, lydytą sviestą ir vanilės ekstraktą.

d) Suberkite šlapius ingredientus į sausus ingredientus ir maišykite, kol tešla taps vientisa ir neliks sausų kišenių.

e) Tešlą perkelkite į konditerinį maišelį arba užtrauktuku užsegamą maišelį, nuplėštą vieną kampą. Supilkite tešlą į paruoštą spurgų formą.

f) Kepkite spurgas apie 15 minučių arba tol, kol jų viršus bus tvirtas. Viršūnės neturi būti rudos. Galite patikrinti vienos spurgos apačią, ar ji parudavusi.

g) Išimkite spurgas iš keptuvės ir leiskite joms atvėsti iki kambario temperatūros.

h) Tuo tarpu paruoškite glajų, sumaišydami Prosecco, išsijotą cukraus pudrą ir apelsino žievelę.

i) Kai spurgos atvės, kiekvieną panardinkite į glajų. Leiskite glaistui sukietėti ir vėl panardinkite spurgas, kad gautumėte dvigubą glazūrą.

j) Mėgaukitės šiomis nuostabiomis keptomis Prosecco spurgomis, pagardintomis šviežiomis apelsinų sultimis, žievele ir putojančiu Prosecco! Jie puikiai tinka desertui ar ypatingiems pusryčiams.

10. Prosecco duona

INGRIDIENTAI:

- 2 stiklinės miltų
- 2 arbatinius šaukštelius kepimo sodos
- ½ arbatinio šaukštelio druskos
- 2 kiaušiniai
- ¼ puodelio lydyto sviesto
- 1 puodelis cukraus
- ½ puodelio Prosecco
- ⅓ stiklinės grietinės
- ¼ puodelio apelsinų sulčių
- 1 valgomasis šaukštas apelsino žievelės
- Glajus:
- ½ stiklinės cukraus pudros
- ½ - 1 šaukštas Prosecco
- ½ šaukšto apelsino žievelės

INSTRUKCIJOS:

a) Įkaitinkite orkaitę iki 350 laipsnių F (175 laipsnių C) ir sutepkite duonos kepimo formą.

b) Nedideliame dubenyje sumaišykite miltus, soda ir druską. Atidėti.

c) Dideliame dubenyje suplakite kiaušinius, lydytą sviestą ir cukrų. Įpilkite Prosecco, grietinės, apelsinų sulčių ir apelsino žievelės.

d) Lėtai supilkite sausus ingredientus į šlapius ingredientus ir maišykite, kol viskas susimaišys.

e) Perkelkite tešlą į paruoštą kepimo formą ir kepkite 55-60 minučių arba tol, kol į centrą įsmeigtas dantų krapštukas išeis švarus.

f) Leiskite kepalui visiškai atvėsti prieš glajų.

g) Nedideliame dubenyje sumaišykite visus glajaus ingredientus iki vientisos masės. Atvėsusį kepalą aptepkite glajumi.

h) Mėgaukitės šia nuostabia „Prosecco" duona, prisotinta „Prosecco" skonio ir apelsinų žievelės! Tai puikus skanėstas priešpiečiams, pusryčiams ar bet kuriuo metu, kai trokštate gardžiai drėgnos ir citrusinės duonos.

11. Prosecco prancūziškas skrebutis

INGRIDIENTAI:

- 6 riekelės storos duonos (pvz., brioche arba chala)
- 4 dideli kiaušiniai
- ½ puodelio apelsinų sulčių
- ¼ puodelio Prosecco
- ¼ puodelio pieno
- 1 valgomasis šaukštas apelsino žievelės
- ½ arbatinio šaukštelio vanilės ekstrakto
- Sviestas kepti
- Cukraus pudra, skirta dulkinimui
- Šviežios uogos užpilui
- Klevų sirupas patiekimui

INSTRUKCIJOS:

a) Sekliame inde suplakite kiaušinius, apelsinų sultis, Prosecco, pieną, apelsino žievelę ir vanilės ekstraktą.

b) Kiekvieną duonos riekelę panardinkite į mišinį, leiskite jai pamirkti kelias sekundes iš abiejų pusių.

c) Įkaitinkite didelę keptuvę ant vidutinės ugnies ir įpilkite šiek tiek sviesto, kad apsemtų keptuvę.

d) Išmirkytas duonos riekeles apkepkite iš abiejų pusių iki auksinės rudos spalvos ir traškios.

e) Prancūziškus skrebučius perkelkite į serviravimo lėkštes, pabarstykite cukraus pudra, o ant viršaus pabarstykite šviežiomis uogomis.

f) Patiekite su klevų sirupu ant šono.

12. Prosecco naktinės avižos

INGRIDIENTAI:

- 1 puodelis valcuotų avižų
- 1 puodelis apelsinų sulčių
- ½ puodelio graikiško jogurto
- ¼ puodelio Prosecco
- 1 valgomasis šaukštas medaus
- 1 arbatinis šaukštelis apelsino žievelės
- Supjaustyti švieži vaisiai užpilui (ąžuolas, apelsinai, uogos)
- Skrudinti migdolai arba graikiniai riešutai traškėjimui (nebūtina)

INSTRUKCIJOS:

a) Dubenyje sumaišykite apvoliotas avižas, apelsinų sultis, graikišką jogurtą, Prosecco, medų ir apelsino žievelę.

b) Gerai išmaišykite, kad įsitikintumėte, jog visi ingredientai visiškai susimaišė.

c) Uždenkite dubenį plastikine plėvele arba dangteliu ir šaldykite per naktį.

d) Ryte išmaišykite avižas ir, jei reikia, įpilkite šlakelį apelsinų sulčių arba jogurto, kad sureguliuotumėte konsistenciją.

e) Jei norite, apibarstykite griežinėliais pjaustytais šviežiais vaisiais ir skrudintais riešutais.

13. Prosecco kiaušinių puodeliai

INGRIDIENTAI:
- 6 riekelės virtos šoninės
- 6 dideli kiaušiniai
- $\frac{1}{4}$ puodelio apelsinų sulčių
- $\frac{1}{4}$ puodelio Prosecco
- Druska ir pipirai pagal skonį
- Garnyrui švieži česnakai

INSTRUKCIJOS:

a) Įkaitinkite orkaitę iki 375 ° F (190 ° C). Ištepkite keksų formą arba naudokite silikoninius keksiukų puodelius.

b) Kiekvieną puodelį išklokite virtos šoninės griežinėliu, suformuodami apskritimą.

c) Nedideliame dubenyje suplakite kiaušinius, apelsinų sultis, Prosecco, druską ir pipirus.

d) Į kiekvieną šonine išklotą puodelį supilkite kiaušinių mišinį, užpildydami jį maždaug ⅔.

e) Kepkite įkaitintoje orkaitėje 15-18 minučių arba kol kiaušiniai sustings.

f) Išimkite kiaušinių puodelius iš orkaitės, leiskite jiems šiek tiek atvėsti ir papuoškite šviežiais česnakais.

14. Prosecco paplotėliai

INGRIDIENTAI:

- 2 puodeliai universalių miltų
- ¼ puodelio granuliuoto cukraus
- 1 valgomasis šaukštas kepimo miltelių
- ½ arbatinio šaukštelio druskos
- ½ puodelio šalto nesūdyto sviesto, supjaustyto mažais kubeliais
- ¼ puodelio riebios grietinėlės
- ¼ puodelio apelsinų sulčių
- ¼ puodelio Prosecco
- 1 arbatinis šaukštelis apelsino žievelės
- ½ puodelio džiovintų spanguolių arba auksinių razinų (nebūtina)
- 1 didelis kiaušinis, sumuštas (kiaušinių plovimui)
- Rupus cukrus pabarstymui

INSTRUKCIJOS:

a) Įkaitinkite orkaitę iki 400 ° F (200 ° C). Kepimo skardą išklokite kepimo popieriumi.

b) Dideliame dubenyje sumaišykite miltus, cukrų, kepimo miltelius ir druską.

c) Į sausus ingredientus suberkite šalto sviesto kubelius ir pjaustytuvu arba dviem peiliais supjaustykite, kol masė taps panaši į stambius trupinius.

d) Atskirame dubenyje sumaišykite grietinę, apelsinų sultis, Prosecco ir apelsino žievelę.

e) Supilkite šlapius ingredientus į sausą mišinį ir maišykite, kol viskas susimaišys. Jei naudojate, pridėkite džiovintų spanguolių arba auksinių razinų.

f) Tešlą perkelkite ant miltais pabarstyto paviršiaus ir susukite į maždaug 1 colio storio apskritimą. Supjaustykite apskritimą į 8 pleištus.

g) Paplotėlius dėkite ant paruoštos kepimo skardos, viršų aptepkite plaktu kiaušiniu, pabarstykite stambiu cukrumi.

h) Kepkite įkaitintoje orkaitėje 15-18 minučių arba kol paplotėliai taps auksinės spalvos.

i) Prieš patiekdami leiskite paplotėliams šiek tiek atvėsti.

15. Prosecco pusryčiai Quiche

INGRIDIENTAI:
- 1 paruošta naudoti pyrago pluta
- 4 dideli kiaušiniai
- ½ puodelio apelsinų sulčių
- ½ puodelio Prosecco
- ½ puodelio riebios grietinėlės
- ½ puodelio susmulkinto čederio sūrio
- ¼ puodelio virtos ir susmulkintos šoninės
- ¼ puodelio pjaustytų žaliųjų svogūnų
- Druska ir pipirai pagal skonį
- Šviežios petražolės papuošimui

INSTRUKCIJOS:
a) Įkaitinkite orkaitę iki 375 ° F (190 ° C).
b) Iškočiokite pyrago plutą ir sudėkite į 9 colių pyrago formą. Suspauskite kraštus pagal pageidavimą.
c) Dubenyje suplakite kiaušinius, apelsinų sultis ir Prosecco, kol gerai susimaišys.
d) Įpilkite riebios grietinėlės, susmulkinto čederio sūrio, susmulkintos šoninės, smulkintų žaliųjų svogūnų, druskos ir pipirų. Maišykite, kad susijungtumėte.
e) Kiaušinių mišinį supilkite į paruoštą pyrago plutą.
f) Kepkite kišą įkaitintoje orkaitėje 30-35 minutes arba tol, kol vidurys sustings, o viršus taps auksinės spalvos.
g) Išimkite kišą iš orkaitės ir prieš pjaustydami leiskite keletą minučių atvėsti.
h) Papuoškite šviežiomis petražolėmis ir patiekite šiltą.

UŽKANDŽIAI

16. Bruschetta su Prosecco sumažinimu

INGRIDIENTAI:
- Bagetas, supjaustytas apskritimais
- 1 valgomasis šaukštas alyvuogių aliejaus
- 1 puodelis rikotos sūrio
- 1 citrinos žievelė
- 1 valgomasis šaukštas medaus
- 1 puodelis sumaišytų šviežių uogų
- Švieži mėtų lapeliai papuošimui
- Prosecco sumažinimas (gaunamas verdant Prosecco, kol jis sutirštės)

INSTRUKCIJOS:
a) Įkaitinkite orkaitę iki 350°F (175°C).
b) Batono riekeles aptepkite alyvuogių aliejumi ir padėkite ant kepimo skardos.
c) Kepkite batonus orkaitėje apie 8-10 minučių arba iki šviesiai auksinės spalvos.
d) Mažame dubenyje sumaišykite rikotos sūrį, citrinos žievelę ir medų, kol gerai susimaišys.
e) Ant kiekvieno skrudintos batono apvalios dalies paskleiskite po šaukštelį rikotos mišinio.
f) Rikotą apibarstykite sumaišytomis šviežiomis uogomis.
g) Pabarstykite Prosecco redukciją ant brusketos.
h) Papuoškite šviežiais mėtų lapeliais.

17. Prosecco marinuotos alyvuogės

INGRIDIENTAI:

- 1 puodelis sumaišytų alyvuogių (pvz., Kalamata, žalių arba juodųjų)
- ¼ puodelio Prosecco
- 2 šaukštai alyvuogių aliejaus
- 2 skiltelės česnako, susmulkintos
- 1 arbatinis šaukštelis džiovintų itališkų žolelių (tokių kaip raudonėlis ar čiobrelis)
- Raudonųjų pipirų dribsniai (nebūtina)

INSTRUKCIJOS:

a) Dubenyje sumaišykite alyvuoges, Prosecco, alyvuogių aliejų, maltą česnaką, džiovintas itališkas žoleles ir, jei norite, raudonųjų pipirų dribsnius.
b) Supilkite alyvuoges į marinatą, kol jos gerai apskrus.
c) Uždenkite dubenį ir padėkite į šaldytuvą bent 1 valandai arba per naktį, kad išsiskirtų skoniai.
d) Patiekite Prosecco marinuotas alyvuoges kaip skanų ir sūrų užkandį.

18. Prosecco krevečių iešmeliai

INGRIDIENTAI:

- 1 svaras didelių krevečių, nuluptų ir nuskustų
- ¼ puodelio Prosecco
- 2 šaukštai alyvuogių aliejaus
- 2 skiltelės česnako, susmulkintos
- 1 valgomasis šaukštas šviežių petražolių, kapotų
- Druska ir pipirai pagal skonį
- Citrinos griežinėliai patiekimui

INSTRUKCIJOS:

a) Dubenyje sumaišykite Prosecco, alyvuogių aliejų, maltą česnaką, šviežias petražoles, druską ir pipirus.

b) Į marinatą įpilkite nuluptas ir ištrintas krevetes ir išmeskite, kad padengtų.

c) Uždenkite dubenį ir padėkite į šaldytuvą bent 30 minučių, kad skoniai įsigertų.

d) Įkaitinkite grilį arba grilio keptuvę ant vidutinės-stiprios ugnies.

e) Marinuotas krevetes suverkite ant iešmelių.

f) Kepkite krevečių iešmelius ant grotelių 2–3 minutes iš kiekvienos pusės arba tol, kol krevetės taps rausvos ir nepermatomos.

g) Patiekite „Prosecco" krevečių iešmelius su citrinos griežinėliais, kad gautumėte skanų ir baltymų kupiną užkandį.

19. Ožkos sūriu įdaryti grybai

INGRIDIENTAI:

- 12 didelių mygtukų arba kreminių grybų
- ¼ puodelio Prosecco
- 4 uncijos ožkos sūrio
- 2 šaukštai šviežių česnakų, susmulkintų
- Druska ir pipirai pagal skonį

INSTRUKCIJOS:

a) Įkaitinkite orkaitę iki 375 ° F (190 ° C).
b) Nuimkite grybų stiebus ir atidėkite.
c) Į kepimo indą supilkite Prosecco ir įdėkite grybų kepurėles aukštyn kojomis į indą.
d) Kepkite grybų kepurėles apie 10 minučių, kad jos suminkštėtų.
e) Tuo tarpu grybų stiebus smulkiai supjaustykite.
f) Dubenyje sumaišykite susmulkintus grybų stiebus, ožkos sūrį, laiškinius česnakus, druską ir pipirus.
g) Iš orkaitės išimkite grybų kepurėles ir nusausinkite Prosecco perteklių.
h) Kiekvieną grybo kepurėlę užpildykite ožkos sūrio mišiniu.
i) Įdarytus grybus grąžinkite į orkaitę ir kepkite dar 10-12 minučių arba kol įdaras taps auksinės spalvos ir burbuliuoja.
j) Patiekite Prosecco ir ožkos sūriu įdarytus grybus kaip pikantišką ir elegantišką užkandį.

20. Prosecco Ceviche

INGRIDIENTAI:

- 1 svaras baltos žuvies filė (pavyzdžiui, snaperio ar tilapijos), supjaustytos mažais kubeliais
- 1 puodelis Prosecco
- ½ puodelio laimo sulčių
- ¼ puodelio apelsinų sulčių
- ¼ puodelio raudonojo svogūno, smulkiai supjaustyto
- 1 jalapeno, išskobtas ir sumaltas
- ¼ puodelio šviežios kalendros, susmulkintos
- Druska ir pipirai pagal skonį
- Tortilijos arba gysločio traškučiai patiekimui

INSTRUKCIJOS:

a) Stikliniame dubenyje sumaišykite žuvies kubelius, Prosecco, laimo sultis ir apelsinų sultis.
b) Įmaišykite susmulkintą raudonąji svogūną, maltą jalapeną ir kapotą kalendrą.
c) Pagardinkite druska ir pipirais pagal skonį.
d) Uždenkite dubenį ir laikykite šaldytuve apie 2-3 valandas, retkarčiais pamaišydami, kol žuvis taps nepermatoma ir „apkeps" nuo citrusinių vaisių sulčių.
e) Patiekite Prosecco ceviche atšaldytą su tortilijų arba gysločių traškučiais, kad galėtumėte lengvai ir aštriai užkąsti.

21. Prosecco keptos kriaušės

INGRIDIENTAI:

- 4 prinokusios kriaušės, nuluptos ir be šerdies
- 2 puodeliai Prosecco
- 1 puodelis vandens
- ½ stiklinės cukraus
- 1 cinamono lazdelė
- 4 sveiki gvazdikėliai
- Patiekimui plakta grietinėle arba vaniliniai ledai

INSTRUKCIJOS:

a) Dideliame puode sumaišykite Prosecco, vandenį, cukrų, cinamono lazdelę ir nesmulkintus gvazdikėlius.

b) Kaitinkite mišinį ant vidutinės ugnies, kol cukrus ištirps ir skystis užvirs.

c) Į brakonieriavimo skystį įpilkite nuluptas ir be šerdies kriaušes.

d) Troškinkite kriaušes Prosecco mišinyje apie 20-30 minučių arba kol pradurtos šakute kriaušės suminkštės.

e) Nukelkite puodą nuo ugnies ir leiskite kriaušėms atvėsti skystyje.

f) Atvėsusias kriaušes išimkite iš skysčio ir sudėkite į serviravimo indus.

g) Patiekite Prosecco troškintas kriaušes su šlakeliu brakonieriavimo skysčio ir plaktos grietinėlės arba vanilinių ledų šaukštu.

22. Prosecco vaisių iešmeliai

INGRIDIENTAI:

- Įvairūs švieži vaisiai (pvz., braškės, vynuogės, ananasų gabaliukai ir meliono rutuliukai)
- 1 puodelis Prosecco
- Mediniai iešmai

INSTRUKCIJOS:

a) Šviežius vaisius suverkite ant medinių iešmelių, pakaitomis vaisius pateikdami spalvingai.

b) Vaisių iešmelius sudėkite į negilų indą arba kepimo skardą.

c) Užpilkite Prosecco ant vaisių iešmelių, įsitikinkite, kad jie gerai padengti.

d) Uždenkite indą ar keptuvę ir padėkite į šaldytuvą bent 1 valandai, kad vaisiai įsisavintų Prosecco skonius.

e) Patiekite Prosecco vaisių iešmelius atšaldytus kaip gaivų ir sultingą užkandį.

23. Prosecco spragėsiai

INGRIDIENTAI:

- 8 puodeliai spraginti kukurūzų
- ¼ puodelio nesūdyto sviesto, lydyto
- 2 šaukštai Prosecco
- 1 arbatinis šaukštelis apelsino žievelės
- 1 valgomasis šaukštas cukraus pudros

INSTRUKCIJOS:

a) Dideliame dubenyje sumaišykite lydytą sviestą, Prosecco ir apelsino žievelę.

b) Supilkite sviesto mišinį ant spragėsių kukurūzų ir švelniai išmeskite, kad pasidengtų tolygiai.

c) Pabarstykite cukraus pudra ant spragėsių ir vėl išmaišykite, kad susimaišytų.

d) Patiekite iš karto arba laikykite hermetiškame inde vėlesniam laikui.

24. Prosecco Guacamole

INGRIDIENTAI:

- 2 prinokę avokadai, sutrinti
- ¼ puodelio supjaustyto raudonojo svogūno
- ¼ puodelio pjaustytų pomidorų
- ¼ puodelio kapotos kalendros
- 1 jalapeno, išskobtas ir smulkiai pjaustytas
- 2 šaukštai šviežių laimo sulčių
- 2 šaukštai Prosecco
- Druska ir pipirai pagal skonį

INSTRUKCIJOS:

a) Vidutiniame dubenyje sumaišykite sutrintus avokadus, raudonąjį svogūną, pomidorus, kalendrą ir jalapeną.
b) Įmaišykite šviežias laimo sultis ir Prosecco.
c) Pagardinkite druska ir pipirais pagal skonį.
d) Patiekite su tortilijos traškučiais arba daržovių lazdelėmis panardinimui.

25. Prosecco Bruschetta

INGRIDIENTAI:

- Bagetas, supjaustytas
- 1 puodelis vyšninių pomidorų, perpjautų per pusę
- ¼ puodelio supjaustyto raudonojo svogūno
- 2 šaukštai susmulkinto šviežio baziliko
- 1 valgomasis šaukštas Prosecco acto
- 1 valgomasis šaukštas alyvuogių aliejaus
- 1 arbatinis šaukštelis medaus
- Druska ir pipirai pagal skonį

INSTRUKCIJOS:

a) Įkaitinkite orkaitę iki 350°F (175°C).
b) Batono riekeles išdėliokite ant kepimo skardos ir paskrudinkite orkaitėje, kol lengvai apskrus.
c) Dubenyje sumaišykite vyšninius pomidorus, raudonąjį svogūną, baziliką, Prosecco actą, alyvuogių aliejų, medų, druską ir pipirus.
d) Pomidorų mišinį šaukštu uždėkite ant skrudintų batono griežinėlių.
e) Patiekite iš karto kaip skanų ir elegantišką užkandį.

26. Prosecco įdarytos braškės

INGRIDIENTAI:

- 1 puodelis šviežių braškių
- 4 uncijos grietinėlės sūrio, suminkštintas
- 2 šaukštai cukraus pudros
- 1 arbatinis šaukštelis apelsino žievelės
- 1 valgomasis šaukštas Prosecco
- Švieži mėtų lapeliai papuošimui

INSTRUKCIJOS:

a) Braškes nuplaukite ir nupjaukite viršūnes. Atsargiai išpjaukite kiekvienos braškės vidurį mažu peiliu arba meliono kamuoliuku.

b) Maišymo dubenyje sumaišykite minkštą grietinėlės sūrį, cukraus pudrą, apelsino žievelę ir Prosecco.

c) Šaukštu supilkite grietinėlės sūrio mišinį į tuščiavidures braškes.

d) Kiekvieną įdarytą braškę papuoškite šviežiu mėtų lapeliu.

e) Šaldykite, kol paruošite patiekti.

27. Prosecco agurkų kąsniai

INGRIDIENTAI:
- 1 didelis agurkas, supjaustytas
- 4 uncijos grietinėlės sūrio, suminkštintas
- 1 valgomasis šaukštas smulkintų šviežių krapų
- 1 valgomasis šaukštas Prosecco
- Rūkyta lašiša (nebūtina)
- Citrinos žievelė papuošimui

INSTRUKCIJOS:

a) Dubenyje sumaišykite minkštą kreminį sūrį, smulkintus krapus ir Prosecco, kol gerai susimaišys.

b) Ant kiekvieno agurko griežinėlio užtepkite nedidelį kiekį kreminio sūrio mišinio.

c) Jei norite, ant viršaus uždėkite rūkytos lašišos gabalėlį.

d) Papuoškite citrinos žievele.

e) Patiekite agurkų kąsnius kaip elegantišką ir gaivų užkandį.

28. Prosecco Trail Mix

INGRIDIENTAI:

- 1 puodelis skrudintų migdolų
- 1 puodelis džiovintų spanguolių
- 1 puodelis baltojo šokolado drožlių
- ¼ puodelio apelsino žievelės
- 2 šaukštai Prosecco

INSTRUKCIJOS:

a) Dideliame dubenyje sumaišykite skrudintus migdolus, džiovintas spanguoles ir baltojo šokolado drožles.
b) Atskirame mažame dubenyje sumaišykite apelsino žievelę ir Prosecco, kad susidarytų glajus.
c) Užtepkite apelsinų glajų ant pėdsakų mišinio ir išmeskite, kad pasidengtų tolygiai.
d) Tešlų mišinį paskleiskite ant kepimo skardos ir leiskite sustingti.
e) Laikykite sandariame inde, kad galėtumėte skaniai ir skaniai užkąsti.

29. Prosecco Energy Bites

INGRIDIENTAI:

- 1 puodelis senamadiškų avižų
- ½ puodelio migdolų sviesto
- ⅓ puodelio medaus
- ¼ puodelio maltų linų sėmenų
- ¼ puodelio pjaustytų džiovintų abrikosų
- ¼ puodelio susmulkintų džiovintų spanguolių
- ¼ puodelio susmulkinto kokoso
- 1 valgomasis šaukštas apelsino žievelės
- 2 šaukštai Prosecco

INSTRUKCIJOS:

a) Dideliame dubenyje sumaišykite avižas, migdolų sviestą, medų, maltas linų sėmenis, džiovintus abrikosus, džiovintas spanguoles, susmulkintą kokosą ir apelsino žievelę.

b) Užpilkite Prosecco ant mišinio ir maišykite, kol gerai susimaišys.

c) Iš mišinio iškočiokite nedidelius rutuliukus ir sudėkite ant kepimo popieriumi išklotos skardos.

d) Energijos kąsnelius laikykite šaldytuve bent 30 minučių, kad sustingtų.

e) Energijos kąsnelius laikykite šaldytuve, kad galėtumėte greitai ir sveikai užkąsti.

PAGRINDINIS PATIEKALAS

30. Prosecco Risotto su krevetėmis

INGRIDIENTAI:

- 1 svaras krevečių, nuluptų ir nuskustų
- 1 puodelis Arborio ryžių
- 3 puodeliai daržovių sultinio
- 1 puodelis Prosecco
- ½ puodelio tarkuoto parmezano sūrio
- 1 valgomasis šaukštas sviesto
- 1 askaloninis česnakas, smulkiai pjaustytas
- 2 skiltelės česnako, susmulkintos
- Druska ir pipirai pagal skonį
- Šviežios petražolės papuošimui

INSTRUKCIJOS:

a) Didelėje keptuvėje ant vidutinės ugnies ištirpinkite sviestą.

b) Į keptuvę suberkite askaloninius česnakus ir česnakus ir kepkite, kol suminkštės.

c) Į keptuvę suberkite Arborio ryžius ir išmaišykite, kad pasidengtų sviestu.

d) Supilkite „Prosecco" ir virkite, kol jį susigers ryžiai.

e) Palaipsniui supilkite daržovių sultinį, maždaug po ½ puodelio kas valandą, nuolat maišydami, kol kiekvienas sultinys susigers, prieš pilant daugiau.

f) Tęskite šį procesą, kol ryžiai išvirs al dente ir pasidarys kreminės konsistencijos.

g) Įmaišykite tarkuotą parmezaną ir pagal skonį pagardinkite druska ir pipirais.

h) Atskiroje keptuvėje kepkite krevetes iki rausvos spalvos ir iškeps.

i) Patiekite Prosecco risotto dubenėliuose, užpilkite virtomis krevetėmis ir papuoškite šviežiomis petražolėmis.

31. Prosecco Chicken Piccata

INGRIDIENTAI:

- 4 vištienos krūtinėlės be kaulų, be odos
- ½ puodelio universalių miltų
- Druska ir pipirai pagal skonį
- 2 šaukštai alyvuogių aliejaus
- 2 skiltelės česnako, susmulkintos
- ½ puodelio Prosecco
- ½ puodelio vištienos sultinio
- 2 šaukštai kaparėlių
- 1 citrinos sultys
- 2 šaukštai sviesto
- Šviežios petražolės papuošimui

INSTRUKCIJOS:

a) Vištienos krūtinėles pagardinkite druska ir pipirais.
b) Sekliame inde sumaišykite miltus su druska ir pipirais.
c) Vištienos krūtinėles supilkite į miltų mišinį, nukratydami perteklių.
d) Didelėje keptuvėje ant vidutinės ugnies įkaitinkite alyvuogių aliejų.
e) Sudėkite vištienos krūtinėlę į keptuvę ir kepkite iki auksinės rudos spalvos iš abiejų pusių ir iškeps.
f) Išimkite vištieną iš keptuvės ir atidėkite į šalį.
g) Į tą pačią keptuvę suberkite susmulkintą česnaką ir kepkite apie 1 minutę.
h) Supilkite „Prosecco" ir vištienos sultinį, nugramdydami keptuvės dugną, kad atsilaisvintų visi rudi gabalėliai.
i) Įmaišykite kaparėlius ir citrinos sultis.
j) Padažą užvirinkite ir virkite kelias minutes, kad sumažėtų ir šiek tiek sutirštėtų.
k) Įmaišykite sviestą, kol jis ištirps ir įtrauks į padažą.

l) Vištienos krūtinėles grąžinkite į keptuvę ir aptepkite padažu.
m) Papuoškite šviežiomis petražolėmis ir patiekite Prosecco vištienos piccata su pasirinktais garnyrais.

32. Lašiša su skrudintomis sėklomis ir prosecco

INGRIDIENTAI:

- 4 lašišos filė
- Druska ir pipirai, dviejų skonių
- 2 šaukštai alyvuogių aliejaus
- 2 šaukštai mišrių sėklų (pvz., sezamo, moliūgų ar saulėgrąžų)
- 1 puodelis Prosecco arba bet kokio putojančio baltojo vyno
- 1 puodelis riebios grietinėlės
- 2 šaukštai šviežių krapų, susmulkintų
- 1 citrina, supjaustyta (papuošimui)

INSTRUKCIJOS:

a) Lašišos filė iš abiejų pusių pagardinkite druska ir pipirais.

b) Didelėje keptuvėje ant vidutinės ugnies įkaitinkite alyvuogių aliejų. Sudėkite lašišos filė odele žemyn ir kepkite apie 4-5 minutes, kol odelė taps traški ir paruduos. Apverskite filė ir kepkite dar 3-4 minutes arba tol, kol lašiša iškeps iki norimo lygio. Išimkite lašišą iš keptuvės ir atidėkite į šalį.

c) Toje pačioje keptuvėje suberkite sumaišytas sėklas ir paskrudinkite ant vidutinės ugnies apie 2-3 minutes, kol jos taps kvapnios ir šiek tiek auksinės spalvos. Išimkite sėklas iš keptuvės ir atidėkite.

d) Nusausinkite keptuvę, įdėdami „Prosecco", nubraukdami keptuvės dugną, kad atsilaisvintų visi paruduvę gabaliukai. Leiskite „Prosecco" virti keletą minučių, kol jis šiek tiek sumažės.

e) Įmaišykite riebią grietinėlę ir toliau troškinkite padažą apie 5 minutes, kol jis šiek tiek sutirštės. Pagardinkite druska ir pipirais pagal skonį.

f) Lašišos filė grąžinkite į keptuvę ir kepkite dar 2–3 minutes, leiskite joms įkaisti ir susigerti šiek tiek padažo.

g) Lašišos filė apibarstykite paskrudintomis sėklomis ir smulkintais krapais.

h) Patiekite lašišą su Prosecco padažu atskirose lėkštėse. Papuoškite citrinos griežinėliais.

i) Mėgaukitės skania lašiša su skrudintomis sėklomis ir Prosecco padažu!

33. Prosecco Bolognese makaronai

INGRIDIENTAI:

- 1 svaras maltos jautienos
- 1 svogūnas, smulkiai pjaustytas
- 2 skiltelės česnako, susmulkintos
- ½ puodelio Prosecco
- 1 skardinė (14 uncijų) susmulkintų pomidorų
- ¼ puodelio pomidorų pastos
- 1 arbatinis šaukštelis džiovintų raudonėlių
- 1 arbatinis šaukštelis džiovinto baziliko
- Druska ir pipirai pagal skonį
- ¼ puodelio riebios grietinėlės
- Jūsų pasirinkti virti makaronai (pvz., spagečiai arba fettuccine)
- Patiekimui tarkuoto parmezano sūrio
- Švieži baziliko lapeliai papuošimui

INSTRUKCIJOS:

a) Didelėje keptuvėje ant vidutinės ugnies kepkite maltą jautieną, kol paruduos.
b) Į keptuvę sudėkite susmulkintą svogūną ir susmulkintą česnaką ir kepkite, kol suminkštės.
c) Supilkite Prosecco ir virkite kelias minutes, kad išgaruotų alkoholis.
d) Įmaišykite susmulkintus pomidorus, pomidorų pastą, džiovintą raudonėlį ir džiovintą baziliką.
e) Pagardinkite druska ir pipirais pagal skonį.
f) Padažą troškinkite apie 20-30 minučių, kad išsiskirtų skoniai.
g) Įmaišykite riebią grietinėlę ir virkite dar 5 minutes.
h) Patiekite Prosecco Bolognese padažą ant virtų makaronų.

i) Pabarstykite tarkuotu parmezano sūriu ir papuoškite šviežiais baziliko lapeliais.

34. Prosecco gryby risotto

INGRIDIENTAI:

- 1 puodelis Arborio ryžių
- 4 puodeliai daržovių sultinio
- 1 puodelis Prosecco
- 2 šaukštai alyvuogių aliejaus
- 1 svogūnas, smulkiai pjaustytas
- 8 uncijos grybų, supjaustyti
- 2 skiltelės česnako, susmulkintos
- $\frac{1}{4}$ puodelio tarkuoto parmezano sūrio
- Druska ir pipirai pagal skonį
- Šviežios petražolės papuošimui

INSTRUKCIJOS:

a) Puode ant vidutinės ugnies pakaitinkite daržovių sultinį ir Prosecco, kol sušils.

b) Atskiroje didelėje keptuvėje ant vidutinės ugnies įkaitinkite alyvuogių aliejų.

c) Į keptuvę sudėkite susmulkintą svogūną ir kepkite, kol suminkštės.

d) Įmaišykite griežinėliais pjaustytus grybus ir susmulkintą česnaką ir kepkite, kol grybai suminkštės ir šiek tiek apskrus.

e) Į keptuvę įpilkite Arborio ryžių ir išmaišykite, kad grūdai pasidengtų grybų mišiniu.

f) Palaipsniui įpilkite karšto daržovių sultinio mišinio, maždaug po $\frac{1}{2}$ puodelio vienu metu, nuolat maišydami, kol kiekvienas priedas susigers, prieš įpilant daugiau.

g) Tęskite šį procesą, kol ryžiai išvirs al dente ir pasidarys kreminės konsistencijos.

h) Įmaišykite tarkuotą parmezaną ir pagal skonį pagardinkite druska ir pipirais.

i) Papuoškite šviežiomis petražolėmis ir patiekite Prosecco grybų risotto kaip puikų pagrindinį patiekalą.

35. Vištiena su Pomodoro ir Prosecco padažu

INGRIDIENTAI:

- 4 vištienos krūtinėlės be kaulų, be odos
- Druska ir pipirai, dviejų skonių
- 2 šaukštai alyvuogių aliejaus
- 1 nedidelis svogūnas, smulkiai pjaustytas
- 3 česnako skiltelės, susmulkintos
- 1 skardinė (14 uncijų) kubeliais pjaustytų pomidorų
- $\frac{1}{2}$ puodelio Prosecco arba bet kokio putojančio baltojo vyno
- $\frac{1}{4}$ puodelio pomidorų pastos
- 1 arbatinis šaukštelis džiovinto baziliko
- 1 arbatinis šaukštelis džiovintų raudonėlių
- $\frac{1}{2}$ arbatinio šaukštelio cukraus
- $\frac{1}{4}$ arbatinio šaukštelio raudonųjų pipirų dribsnių (nebūtina, šiek tiek kaitinant)
- Švieži baziliko lapeliai, papuošimui
- Tarkuotas parmezano sūris, patiekimui

INSTRUKCIJOS:

a) Vištienos krūtinėles iš abiejų pusių pagardinkite druska ir pipirais.

b) Didelėje keptuvėje ant vidutinės-stiprios ugnies įkaitinkite alyvuogių aliejų. Sudėkite vištienos krūtinėlę ir kepkite apie 5-6 minutes iš kiekvienos pusės, kol jos paruduos ir iškeps. Išimkite vištieną iš keptuvės ir atidėkite į šalį.

c) Į tą pačią keptuvę sudėkite susmulkintą svogūną ir česnaką. Troškinkite 2-3 minutes, kol svogūnas taps skaidrus, o česnakas - kvapnus.

d) Į keptuvę sudėkite kubeliais pjaustytus pomidorus, Prosecco, pomidorų pastą, džiovintą baziliką, džiovintą raudonėlį, cukrų ir raudonųjų pipirų dribsnius (jei naudojate). Gerai išmaišykite, kad susimaišytų visi ingredientai.

e) Sumažinkite ugnį iki minimumo ir troškinkite padažą apie 10-15 minučių, kad skoniai susimaišytų ir padažas šiek tiek sutirštėtų. Jei reikia, pagardinkite papildomai druska ir pipirais.

f) Išvirusias vištienos krūtinėlėmis grąžinkite į keptuvę, įdėkite jas į padažą. Ant vištienos užpilkite šiek tiek padažo.

g) Toliau troškinkite vištieną padaže dar 5 minutes arba tol, kol vištiena įkais.

h) Vištieną papuoškite šviežiais baziliko lapeliais ir pabarstykite tarkuotu parmezano sūriu.

i) Patiekite vištieną su Pomodoro ir Prosecco padažu ant makaronų, ryžių arba su traškia duona ant šono.

36. Prosecco troškinti jautienos trumpi šonkauliukai

INGRIDIENTAI:
- 4 jautienos trumpi šonkauliai
- Druska ir pipirai pagal skonį
- 2 šaukštai alyvuogių aliejaus
- 1 svogūnas, susmulkintas
- 2 morkos, susmulkintos
- 2 salierų stiebeliai, susmulkinti
- 4 skiltelės česnako, susmulkintos
- 2 puodeliai Prosecco
- 2 puodeliai jautienos sultinio
- 2 šakelės šviežių čiobrelių
- 2 šakelės šviežio rozmarino
- 1 lauro lapas
- Šviežios petražolės papuošimui

INSTRUKCIJOS:
a) Įkaitinkite orkaitę iki 325 ° F (163 ° C).
b) Jautienos trumpus šonkaulius pagardinkite druska ir pipirais.
c) Didelėje olandiškoje orkaitėje arba orkaitėje tinkamame puode įkaitinkite alyvuogių aliejų ant vidutinės-stiprios ugnies.
d) Apkepkite trumpus šonkauliukus iš visų pusių, tada išimkite juos iš puodo ir atidėkite į šalį.
e) Į tą patį puodą sudėkite susmulkintą svogūną, morkas, salierą ir susmulkintą česnaką.
f) Virkite daržoves, kol suminkštės ir šiek tiek karamelizuosis.
g) Supilkite Prosecco ir jautienos sultinį, o skystį užvirinkite.

h) Į puodą įdėkite rudus trumpus šonkauliukus kartu su šviežių čiobrelių, rozmarinų ir lauro lapų šakelėmis.

i) Uždenkite puodą dangčiu ir perkelkite į įkaitintą orkaitę.

j) Troškinkite trumpus šonkauliukus orkaitėje apie 2-3 valandas arba tol, kol mėsa suminkštės ir nukris nuo kaulo.

k) Išimkite puodą iš orkaitės ir nugriebkite nuo paviršiaus riebalų perteklių.

l) Patiekite Prosecco troškintus jautienos šonkauliukus su troškinimo skysčiu ir papuoškite šviežiomis petražolėmis.

37. „Prosecco" marinuota ant grotelių kepta vištiena

INGRIDIENTAI:

- 4 vištienos krūtinėlės be kaulų, be odos
- 1 puodelis Prosecco
- ¼ puodelio alyvuogių aliejaus
- 1 citrinos sultys
- 2 skiltelės česnako, susmulkintos
- 1 valgomasis šaukštas smulkintų šviežių žolelių (tokių kaip rozmarinas, čiobrelis ar petražolės)
- Druska ir pipirai pagal skonį
- Citrinos griežinėliai patiekimui
- Šviežios žolelės papuošimui

INSTRUKCIJOS:

a) Dubenyje sumaišykite Prosecco, alyvuogių aliejų, citrinos sultis, smulkintą česnaką, kapotas šviežias žoleles, druską ir pipirus.

b) Vištienos krūtinėles sudėkite į uždaromą plastikinį maišelį ar negilų indą ir užpilkite Prosecco marinatu.

c) Uždarykite maišelį arba uždenkite indą ir laikykite šaldytuve bent 1 valandą arba per naktį, kad skonis būtų geriausias.

d) Įkaitinkite grilį iki vidutinės-aukštos ugnies.

e) Vištienos krūtinėles išimkite iš marinato, kad nuvarvėtų marinato perteklius.

f) Kepkite vištieną ant grotelių maždaug 6-8 minutes iš kiekvienos pusės arba tol, kol iškeps ir centre nebebus rausvos spalvos.

g) Nuimkite vištieną nuo grotelių ir palikite keletą minučių pailsėti.

h) Patiekite Prosecco marinuotą ant grotelių keptą vištieną su citrinos griežinėliais ir papuoškite šviežiomis žolelėmis.

DESERTAS

38. Prosecco pyragas

INGRIDIENTAI:
TORTAMS:
- 2 ½ stiklinės universalių miltų
- 2½ arbatinio šaukštelio kepimo miltelių
- ½ arbatinio šaukštelio druskos
- 1 puodelis nesūdyto sviesto, suminkštinto
- 2 puodeliai granuliuoto cukraus
- 4 dideli kiaušiniai
- 1 arbatinis šaukštelis vanilės ekstrakto
- 1 puodelis Prosecco (putojantis vynas)
- ¼ puodelio pieno

PROSECCO sviestinio kremo glaistymui:
- 1 ½ stiklinės nesūdyto sviesto, suminkštinto
- 4 puodeliai cukraus pudros
- ¼ puodelio Prosecco (putojantis vynas)
- 1 arbatinis šaukštelis vanilės ekstrakto

NEPRIVALOMAS GARYNAS:
- Valgomieji perlai
- Šviežios uogos
- Putojantis cukrus

INSTRUKCIJOS:
TORTAMS:
a) Įkaitinkite orkaitę iki 180 °C (350 °F) ir dvi 9 colių apvalias pyrago formas ištepkite riebalais ir miltais.

b) Vidutiniame dubenyje sumaišykite miltus, kepimo miltelius ir druską. Atidėti.

c) Dideliame dubenyje sumaišykite minkštą sviestą ir granuliuotą cukrų iki šviesios ir purios masės.

d) Po vieną įmuškite kiaušinius, kiekvieną kartą gerai išplakdami. Įmaišykite vanilės ekstraktą.

e) Palaipsniui į sviesto mišinį įmaišykite sausus ingredientus, pakaitomis su Prosecco, pradedant ir baigiant sausais ingredientais. Maišykite, kol tik susimaišys.
f) Supilkite pieną ir maišykite, kol tešla taps vientisa.
g) Tešlą po lygiai paskirstykite tarp paruoštų torto formų, mentele išlyginkite viršų.
h) Kepkite įkaitintoje orkaitėje apie 25-30 minučių arba tol, kol dantų krapštukas, įsmeigtas į pyragų centrą, išeis švarus.
i) Išimkite pyragus iš orkaitės ir leiskite jiems 10 minučių atvėsti formelėse. Tada perkelkite juos ant grotelių, kad visiškai atvėstų.

PROSECCO sviestinio kremo glaistymui:
j) Dideliame dubenyje išplakite minkštą sviestą iki kreminės ir vientisos masės.
k) Palaipsniui po vieną puodelį suberkite cukraus pudrą, gerai išplakdami kiekvieną kartą.
l) Įmaišykite Prosecco ir vanilės ekstraktą ir toliau plakite, kol glajus taps šviesus ir purus.

SURINKIMAS:
m) Vieną pyrago sluoksnį padėkite ant serviravimo lėkštės arba torto stovo. Viršų tolygiai paskirstykite gausiu Prosecco sviestinio kremo glaistu.
n) Ant viršaus uždėkite antrą pyrago sluoksnį ir visą tortą aptepkite likusiu Prosecco sviestiniu glaistu, naudodami mentele arba torto glotntuvą, kad gautumėte lygią apdailą.
o) Neprivaloma: papuoškite pyragą valgomais perlais, šviežiomis uogomis arba pabarstykite putojančiu cukrumi, kad padidintumėte eleganciją ir vizualinį patrauklumą.

p) Supjaustykite ir patiekite Prosecco pyragą, mėgaudamiesi subtiliais Prosecco skoniais ir šventišku prisilietimu.

39. Prosecco sūrio fondu

INGRIDIENTAI:

- 1 puodelis tarkuoto Gruyere sūrio
- 1 puodelis tarkuoto Ementalio sūrio
- 1 valgomasis šaukštas kukurūzų krakmolo
- 1 puodelis Prosecco
- 1 česnako skiltelė, susmulkinta
- 1 valgomasis šaukštas citrinos sulčių
- Šviežiai malti juodieji pipirai
- Įvairūs kaušeliai (pvz., duonos kubeliai, obuolių griežinėliai ar daržovės)

INSTRUKCIJOS:

a) Į dubenį suberkite tarkuotą Gruyere ir Ementalio sūrį su kukurūzų krakmolu, kol pasidengs.

b) Fondu puode arba puode kaitinkite Prosecco ant vidutinės ugnies, kol jis įkais, bet neužvirs.

c) Į karštą Prosecco palaipsniui įpilkite tarkuoto sūrio mišinio, nuolat maišydami, kol ištirps ir taps vientisa.

d) Įmaišykite susmulkintą česnaką ir citrinos sultis.

e) Pagal skonį pagardinkite šviežiai maltais juodaisiais pipirais.

f) Perkelkite Prosecco sūrio fondiu į fondiu puodą, kad jis būtų šiltas.

g) Patiekite su įvairiais gurkšneliais, kad galėtumėte smagiai ir interaktyviai užkandžiauti Prosecco.

40. Prosecco Granita

INGRIDIENTAI:

- 2 puodeliai Prosecco
- ¼ puodelio cukraus
- 1 citrinos sultys
- Švieži mėtų lapeliai papuošimui

INSTRUKCIJOS:

a) Puode kaitinkite Prosecco ir cukrų ant vidutinės ugnies, kol cukrus ištirps.
b) Nukelkite puodą nuo ugnies ir įmaišykite citrinos sultis.
c) Supilkite „Prosecco" mišinį į negilų, šaldiklyje tinkamą indą.
d) Įdėkite indą į šaldiklį ir leiskite pastovėti apie 1 valandą.
e) Po 1 valandos iš dalies sustingusį mišinį šakute nukrapštykite ir išpurenkite.
f) Grąžinkite indą į šaldiklį ir pakartokite gramdymą kas 30 minučių maždaug 3-4 valandas, kol granita įgaus purią ir ledinę tekstūrą.
g) Patiekite „Prosecco granitą" desertų dubenėliuose ar taurėse, papuoštus šviežiais mėtų lapeliais, kad būtų vėsus ir gaivus skanėstas.

41. Persikas ir Prosecco Pavlova

INGRIDIENTAI:

- 4 kiaušinių baltymai
- 1 puodelis smulkaus cukraus
- 1 arbatinis šaukštelis baltojo acto
- 1 arbatinis šaukštelis kukurūzų krakmolo
- 1 puodelis plaktos grietinėlės
- 2 prinokę persikai, supjaustyti
- ½ puodelio Prosecco

INSTRUKCIJOS:

a) Įkaitinkite orkaitę iki 300°F (150°C). Kepimo skardą išklokite kepimo popieriumi.

b) Kiaušinių baltymus išplakti iki standžių putų. Palaipsniui suberkite cukrų, po vieną šaukštą, po kiekvieno įpylimo gerai išplakite.

c) Įpilkite acto ir kukurūzų krakmolo ir plakite iki vientisos masės.

d) Supilkite mišinį ant paruoštos kepimo skardos, kad susidarytumėte 8 colių (20 cm) apskritimą.

e) Mentele sukurkite šulinį pavlovos centre.

f) Kepkite 1 valandą arba kol pavlova išorė apskrus, o vidus minkštas.

g) Truputį visiškai atvėsinkite.

h) Pavlovos viršų užtepkite plakta grietinėle. Sudėkite griežinėliais pjaustytus persikus ir apšlakstykite Prosecco.

42. Šampanė panna cotta su uogomis

INGRIDIENTAI:
VANILĖ PANNA COTTA
- 1 ¼ puodelio pusė ir pusė
- 1 ¾ puodelio riebios grietinėlės
- 2 arbatinius šaukštelius beskonės želatinos
- 45 gramai granuliuoto cukraus
- Žiupsnelis druskos
- 1 ½ arbatinio šaukštelio vanilės ekstrakto

PUTOJANTI VYNO ŽELE
- 2 puodeliai šampano, Prosecco arba putojančio vyno
- 2 arbatiniai šaukšteliai želatinos
- 4 arbatinius šaukštelius granuliuoto cukraus

INSTRUKCIJOS:
VANILĖ PANNA COTTA
a) Į nedidelį puodelį įdėkite 2 šaukštus pusantro ir ant viršaus tolygiai pabarstykite želatiną, kad žydėtų.
b) Likusį pieną, cukrų ir druską sudėkite į puodą ant silpnos ugnies, bet neleiskite užvirti. Jei taip, nedelsdami nukelkite nuo ugnies. Nuolat jį stebėkite, nes jis gali labai greitai pervirti.
c) Maišykite, kol cukrus visiškai ištirps.
d) Įpilkite grietinėlės ir maišykite, kol visiškai susimaišys.
e) Supilkite pražydusią želatiną. Neleiskite užvirti.
f) Nuimkite nuo ugnies.
g) Įpilkite vanilės ekstrakto.
h) Švelniai maišykite, kol mišinys sušils iki kambario temperatūros.
i) Supilkite mišinį į taures arba aukštas fleita taures. Prieš pildami į kiekvieną naują stiklinę, švelniai išmaišykite mišinį, kad jis neatsiskirtų.

j) Įdėkite į sandarų indą į šaldytuvą, kad sustingtų, prieš užpildami šampano želė. Maždaug 2-4 valandas.

PUTOJANTI VYNO ŽELE

k) Į puodelį įpilkite 2 šaukštus putojančio vyno, o ant viršaus pabarstykite želatina, kad žydėtų.

l) Sudėkite cukrų ir Prosecco į nedidelę keptuvę ir pakaitinkite ant mažos ugnies.

m) Kai cukrus ištirps, plakdami supilkite pražydusią želatiną. Neleiskite užvirti.

n) Kai tik atvės iki kambario temperatūros. Supilkite ant sustingusios panna cotta viršaus. Prieš pildami į kiekvieną stiklinę, mišinį švelniai išmaišykite.

o) Kai želė sustings, prieš patiekdami ant viršaus švelniai uždėkite keletą pasirinktų uogų. Užpildykite likusią taurės dalį šampanu. Pasukite stiklinę, kad išsiskirtų uogų sultys. Fleitos stiklas dabar turės tris skirtingus spalvų sluoksnius.

43. Braškių šampano sorbetas

INGRIDIENTAI:

- 4 puodeliai šviežių braškių, nuplautų ir lukštentų
- 1 ½ puodelio šampano arba prosecco
- ⅓ stiklinės granuliuoto cukraus

INSTRUKCIJOS:

a) Sudėkite visus ingredientus į trintuvą ir plakite iki vientisos masės.

b) Perkelkite mišinį į ledų gaminimo aparatą ir sutrinkite pagal gamintojo instrukcijas .

c) Valgykite iš karto arba perkelkite į šaldymui atsparų indą, kad atvėstų, kol sutvirtės.

44. Braškių ir Prosecco Pate de Fruit

INGRIDIENTAI:

- 2 puodeliai granuliuoto cukraus
- ¾ puodelio braškių tyrės
- 1-¼ puodelio nesaldinto obuolių padažo
- 1 arbatinis šaukštelis citrinos sulčių
- 4 arbatiniai šaukšteliai miltelių pektino
- 4-½ arbatinio šaukštelio prosecco

INSTRUKCIJOS:

a) 8 x 8 colių kvadratinę skardą išklokite dviem kryžminiais pergamentinio popieriaus gabalėliais. Manau, kad naudinga naudoti drabužių segtukus, kad įsitikintumėte, jog popierius išliks.

b) Giliame 3 litrų puode sumaišykite cukrų, braškių tyrę, obuolių padažą, citrinos sultis ir pektiną.

c) Užvirinkite ant vidutinės ugnies, dažnai maišydami karščiui atsparia mentele arba mediniu šaukštu.

d) Kai mišinys keps apie 10 minučių, atsargiai pritvirtinkite saldainių termometrą. Šiuo metu norėsite nuolat maišyti, kad keptuvės dugnas nepridegtų.

e) Kepkite, kol termometras pasieks 225 F. Išjunkite ugnį ir įmaišykite raudonąjį vyną.

f) Išjunkite ugnį ir įmaišykite raudonąjį vyną, tada iš karto supilkite sirupą į paruoštą keptuvę.

g) Palikite 4-8 valandas, kol pamatysite.

h) Gausiai pabarstykite pjaustymo lentą granuliuotu cukrumi ir išverskite vaisių paštetą ant pjaustymo lentos.

i) Švelniai nulupkite pergamentinį popierių. Jis bus lipnus, todėl dirbkite iš vieno kampo ir lupkite lėtai.

j) Naudodami didelį aštrų peilį, supjaustykite saldainius vieno colio juostelėmis, o tada - vieno colio gabalėliais. Tarp pjūvių peilį turėsite nuplauti ir išdžiovinti.

k) Vaisių pašteto kvadratėlius apibarstykite daugiau cukraus.

l) Laikyti hermetiškame inde su pergamentu tarp sluoksnių.

45. Prosecco Vodka Vynuogės

INGRIDIENTAI:
- 16 uncijų raudonųjų vynuogių be sėklų
- 16 uncijų žalių vynuogių be sėklų
- 750 ml prosecco
- 6 uncijos degtinės
- ⅓ stiklinės granuliuoto cukraus

INSTRUKCIJOS:

a) Nuplaukite ir išdžiovinkite vynuoges, tada sudėkite į didelį dubenį.

b) Ant vynuogių užpilkite Prosecco ir degtinės ir per naktį šaldykite.

c) Nukoškite ir lengvai nuvalykite vynuoges popieriniu rankšluosčiu, palikdami garus. Pastaba: kepimo skardą iškloti popieriniais rankšluosčiais ir siūbuoti pirmyn ir atgal – tai greitas būdas lengvai jas išdžiovinti.

d) Tolygiai paskleiskite ant kepimo skardos, pabarstykite cukrumi. Švelniai išmeskite, kad pasidengtų.

46. Prosecco užpiltas medus

INGRIDIENTAI:

- 4 prinokę persikai, nulupti, be kauliukų ir supjaustyti griežinėliais
- 1 valgomasis šaukštas cukraus
- 1 puodelis Prosecco arba bet kokio putojančio baltojo vyno
- Šviežių mėtų lapelių papuošimui (nebūtina)
- Vaniliniai ledai arba plakta grietinėlė (nebūtina)

INSTRUKCIJOS:

a) Dubenyje sumaišykite pjaustytus persikus, cukrų ir Prosecco. Švelniai išmaišykite, kad persikai tolygiai pasidengtų. Palikite mišinį apie 10-15 minučių, kad skoniai susimaišytų.

b) Persikų ir Prosecco mišinį padalinkite į serviravimo dubenėlius ar desertines taures.

c) Jei norite, ant persikų užpilkite kaušelį vanilinių ledų arba plaktos grietinėlės.

d) Jei norite, papuoškite šviežiais mėtų lapeliais.

e) Nedelsdami patiekite persikų ir prosecco desertą ir mėgaukitės nuostabiu skonių deriniu.

47. Rožinis Prosecco guminukas p

INGRIDIENTAI:

- 200 ml Prosecco
- 100 g Cukrus
- Pakanka želatinos, kad sustingtų maždaug penkis kartus daugiau skysčio nei turite

INSTRUKCIJOS:

a) Supilkite Prosecco ir cukrų į keptuvę ir švelniai kaitinkite ant mažos ugnies, kol cukrus ištirps.

b) Į keptuvę po truputį suberkite želatinos miltelius ir nuolat maišydami labai, labai lėtai kaitinkite skystį, kol cukrus ir želatina ištirps į Prosecco – kuo lėčiau kaitinsite mišinį, tuo daugiau gazuoto skonio pajusite gatavus guminukus. .

c) Kai viskas ištirps, nukelkite keptuvę nuo ugnies ir į keptuvę įlašinkite kelis lašus rausvos maistinės spalvos. Maišykite, kol skystis taps rausvas – aš padariau vieną partiją su šiuo ir kitą be, o partija su maistiniais dažais dėl kažkokių keistų priežasčių atrodė daug geriau.

d) Tada galite pradėti pildyti guminukų formeles, o tai lengviau pasakyti nei padaryti, jei negavote formelių, pateiktų kartu su švirkštu, nes jos tokios mažytės ir lengvai išsilieja, jei pilate skystį. Radau, kad geriausias būdas tai padaryti buvo naudoti savo matavimo šaukštus – pats mažiausias puikiai tinka formoms užpildyti.

e) Palikti šaldytuve kelioms valandoms – geriausia per naktį.

48. Mimozos vaisių salotos

INGRIDIENTAI:

- 3 kiviai, nulupti ir supjaustyti
- 1 puodelis gervuogių
- 1 puodelis mėlynių
- 1 puodelis braškių, supjaustytų ketvirčiais
- 1 puodelis ananasų, supjaustytų mažais gabalėliais
- 1 puodelis Prosecco, atšaldytas
- ½ puodelio šviežiai spaustų apelsinų sulčių
- 1 valgomasis šaukštas medaus
- ½ puodelio šviežių mėtų

INSTRUKCIJOS:

a) Dideliame dubenyje sumaišykite visus vaisius.

b) Vaisius užpilkite Prosecco, apelsinų sultimis ir medumi ir atsargiai išmaišykite, kad susimaišytų.

c) Papuoškite mėtomis ir patiekite.

49. Prosecco Macarons

INGRIDIENTAI:
UŽDARUI:
- ½ puodelio riebios grietinėlės, padalinta
- ½ puodelio Prosecco
- 2 šaukštai kukurūzų krakmolo
- 2 šaukštai granuliuoto cukraus
- 1 visas kiaušinis
- 2 kiaušinių tryniai
- 2 šaukštai nesūdyto sviesto
- 1 arbatinis šaukštelis vanilės ekstrakto

DĖL MACARON KELIŲ:
- 100 gramų migdolų miltų
- 1 puodelis cukraus pudros
- vieno apelsino žievelės
- 3 kiaušinių baltymai
- ⅛ arbatinio šaukštelio totorių kremo
- ¼ puodelio + 2 arbatiniai šaukšteliai labai smulkaus cukraus
- Rožinės rožinės ir citrinos geltonos gelio pastos maistiniai dažai (nebūtina)

INSTRUKCIJOS:
PAGAMINK ĮDAŽĄ:

a) Dubenyje sumaišykite ¼ puodelio grietinėlės su kukurūzų krakmolu, tryniais ir visu kiaušiniu; atidėti.

b) Nedideliame puode sumaišykite likusią grietinėlę, Prosecco ir granuliuotą cukrų ir padėkite ant vidutinės ugnies.

c) Kai mišinys pradės virti, vieną trečdalį jo supilkite į kiaušinių mišinį, intensyviai plakdami.

d) Supilkite pašildytą kiaušinių mišinį atgal į puodą ir virkite ant silpnos ugnies, kol sutirštės.
e) Nukelkite nuo ugnies ir įmaišykite nesūdytą sviestą ir vanilės ekstraktą.
f) Perkoškite mišinį per ploną tinklelį sietelį į karščiui atsparų dubenį, uždenkite paviršių plastikine plėvele ir atšaldykite šaldytuve.

PAGAMINK MAKARONŲ lukštus:

g) Migdolų miltus ir cukraus pudrą išsijokite, išmeskite visas dideles gabalėlius ir į mišinį įpilkite apelsino žievelės.
h) Atskirame dubenyje išplakite kiaušinių baltymus iki putų, tada supilkite tartų grietinėlę ir toliau plakite, kol susidarys minkštos smailės.
i) Lėtai suberkite itin smulkų cukrų, toliau plakdami kiaušinių baltymus.
j) Jei norite, atspalvinkite mišinį rožinės rožinės ir citrinos geltonos gelio pastos maistiniais dažais.
k) Plakite mišinį, kol pasieksite standžių smailių.
l) Migdolų mišinį švelniai įmaišykite į išplaktus baltymus, kol tešla nukris nuo mentelės ilga juostele.
m) Perkelkite tešlą į maišelį su nedideliu apvaliu antgaliu ir supilkite vieno colio skersmens apvalius ant pergamentu išklotos kepimo skardos.
n) Įkaitinkite orkaitę iki 375 laipsnių F (190 laipsnių C).
o) Leiskite macaron lukštams išdžiūti ir suformuokite ploną plėvelę/odelę apie 20-30 minučių.
p) Sumažinkite orkaitės temperatūrą iki 325 laipsnių F (163 laipsnių C) ir kepkite macaron lukštus 12-15 minučių.
q) Atvėsinkite lukštus ant kepimo skardos.

SURINKITE MACARONS:

r) Kai lukštai atvės, ant pusės kevalų užpilkite maždaug du arbatinius šaukštelius atšaldyto įdaro.
s) Sumuštinį įdarą su likusiais lukštais.

50. Prosecco ledai

INGRIDIENTAI:

- 2 puodeliai + 2 šaukštai nenugriebto pieno
- 1 ¼ puodelio riebios grietinėlės
- 2 šaukštai kukurūzų sirupo
- ½ puodelio baltojo granuliuoto cukraus
- 1 arbatinis šaukštelis košerinės druskos
- 1 ½ šaukšto kukurūzų krakmolo
- 1 arbatinis šaukštelis vanilės ekstrakto
- ½ arbatinio šaukštelio apelsinų ekstrakto
- 2 šaukštai apelsino žievelės
- ⅓ puodelio Prosecco

INSTRUKCIJOS:

a) 4 litrų puode išplakite 2 puodelius pieno, riebią grietinėlę, kukurūzų sirupą, cukrų ir druską. Užvirinkite ant vidutinės ugnies. Atidžiai stebėkite ir dažnai plakite.

b) Atskirame dubenyje suplakite kukurūzų krakmolą ir 2 šaukštus pieno iki vientisos masės. Nustatomas prie puodo.

c) Kai mišinys užvirs, išplakite, kad visas cukrus ištirptų. Leiskite mišiniui lėtai virti 2 minutes. Tada nukelkite nuo ugnies ir įmaišykite kukurūzų krakmolo mišinį. Vėl uždėkite ant ugnies ir plakite, kol mišinys pradės burbuliuoti.

d) Nukelkite nuo ugnies ir įmaišykite vanilę, apelsinų ekstraktą ir apelsino žievelę. Leiskite atvėsti iki kambario temperatūros, apie 20 minučių. Tada per sietelį supilkite į sandarų indą, kad neliktų gumuliukų ir žievelės.

e) Atvėsinkite mažiausiai 6 valandas.

f) Kai ledų pagrindas atvės, išimkite jį iš šaldytuvo ir supilkite į ledų gaminimo aparatą. Ant ledų pagrindo uždėkite Prosecco .

g) Vadovaukitės gamintojo instrukcijomis, nes jos gali skirtis priklausomai nuo gamintojo . Įdėkite mentelę ir plakite, kol sutirštės. Naudojant KitchenAid ledų priedą, tai užtrunka apie 25–30 minučių.

h) Kai ledai suminkštės, supilkite juos į sandarų šaldiklio indą. Užšaldykite 4–6 valandas prieš mėgaudamiesi, kad įsitikintumėte, jog jis yra geros konsistencijos.

51. Prosecco vaisių salotos

INGRIDIENTAI:

- 3 kiviai, nulupti ir supjaustyti
- 1 puodelis gervuogių
- 1 puodelis mėlynių
- 1 puodelis braškių, supjaustytų ketvirčiais
- 1 puodelis ananasų, supjaustytų mažais gabalėliais
- 1 puodelis Prosecco, atšaldytas
- ½ puodelio šviežiai spaustų apelsinų sulčių
- 1 valgomasis šaukštas medaus
- ½ puodelio šviežių mėtų

INSTRUKCIJOS:

d) Dideliame dubenyje sumaišykite visus vaisius.

e) Vaisius užpilkite Prosecco, apelsinų sultimis ir medumi ir atsargiai išmaišykite, kad susimaišytų.

f) Papuoškite mėtomis ir patiekite.

52. Spanguolių - Prosecco pusryčių pyragas

INGRIDIENTAI:
- Virimo purškalas
- 1 puodelis (2 pagaliukai) nesūdyto sviesto, suminkštinto
- 1 ¾ puodeliai (350 g) granuliuoto cukraus, padalinti, ir dar daugiau – patiekimui
- 2 šaukštai smulkiai tarkuotos apelsino žievelės
- 2 dideli kiaušiniai
- 2 dideli kiaušinių tryniai
- 4 puodeliai (480 g) pyrago miltų
- 2½ arbatinio šaukštelio kepimo miltelių
- 1 arbatinis šaukštelis košerinės druskos
- ½ arbatinio šaukštelio kepimo sodos
- 1 puodelis šviežių apelsinų sulčių (iš maždaug 2 didelių bambų apelsinų)
- ½ puodelio paprasto graikiško jogurto
- ½ puodelio brut Prosecco
- 12 uncijų šviežių arba šaldytų spanguolių (apie 3 puodeliai), padalinta

Nurodymai:
a) Įkaitinkite orkaitę iki 350°F (175°C). Sutepkite 13 x 9 colių kepimo skardą kepimo purkštuvu. Išklokite keptuvę pergamentiniu popieriumi, palikdami 2 colių iškyšą abiejose ilgose pusėse, o tada sutepkite pergamentą kepimo purškikliu.
b) Dideliame stovo maišytuvo dubenyje su mentelės priedu (arba dideliame dubenyje, naudojant rankinį maišytuvą) suplakite minkštą sviestą ir 1,5 puodelio granuliuoto cukraus vidutiniu greičiu iki šviesios ir purios masės, maždaug 5 minutes. Jei reikia, nubraukite dubens šonus. Įdėkite 1 šaukštą apelsino žievelės ir plakite vidutiniu-

mažu greičiu, kol susimaišys. Po vieną įmuškite kiaušinius ir kiaušinių trynius, kiekvieną kartą plakdami, kad susimaišytų.

c) Vidutiniame dubenyje sumaišykite pyrago miltus, kepimo miltelius, košerinę druską ir soda. Į sviesto mišinį įpilkite pusę sausų ingredientų ir plakite mažu greičiu, kol susimaišys. Įpilkite šviežių apelsinų sulčių ir graikiško jogurto ir plakite vidutiniu greičiu, kol susimaišys didžioji dalis skysčio. Sudėkite „brut Prosecco" ir likusius sausus ingredientus ir plakite mažu greičiu, kol įsimaišys; gerai, jei yra pora mažų gumulėlių. Nubraukite dubens dugną, kad įsitikintumėte, jog nėra sausų dėmių. Sulenkite 2 puodelius spanguolių.

d) Tešlą supilkite į paruoštą skardą ir ant viršaus pabarstykite likusią 1 puodelį spanguolių. Mažame dubenyje sumaišykite ¼ puodelio cukraus ir 1 šaukštą apelsino žievelės. Šiuo mišiniu pabarstykite tešlos viršų.

e) Kepkite pyragą, kol jis taps auksinės rudos spalvos, o į centrą įkištas testeris bus švarus, maždaug 50-55 minutes.

f) Leiskite pyragui atvėsti, o prieš patiekdami pabarstykite daugiau cukraus ir apelsino žievele.

53. Klasikinis Prosecco pyragas

INGRIDIENTAI:

Biskvitiniai pyragaičiai:
- 1 ¼ stiklinės (250 g) cukraus
- 1 ¼ puodelio (140 g) universalių miltų (00)
- ¾ puodelio (120 g) bulvių krakmolo
- 8 kiaušiniai, kambario temperatūros
- 2 vanilės pupelės
- 1 žiupsnelis smulkios druskos

Tešlos grietinėlė (30 uncijų / 850 G):
- 5 kiaušinių tryniai
- 1 stiklinė (175 g) cukraus
- 2 puodeliai (500 ml) nenugriebto pieno
- ½ puodelio (125 ml) riebios grietinėlės
- 7 šaukštai (55 g) kukurūzų krakmolo
- 1 vanilės ankšties

CHANTILLY KREMAS:
- ½ puodelio (100 ml) riebios grietinėlės
- 2 ½ šaukštai (10 g) cukraus pudros

LIKERINIS SIRUPAS:
- 0,6 stiklinės (130 g) vandens
- 0,3 stiklinės (75 g) cukraus
- 0,3 stiklinės (70 g) Grand Marnier likerio
- Papuošti:
- Cukraus pudra (du skoniai)

INSTRUKCIJOS:
BISPONINIŲ TORTŲ PARUOŠIMAS:

a) Įkaitinkite orkaitę iki 325°F (160°C) statiniu režimu. Dvi 8 colių (20 cm) skersmens pyrago formas ištepkite riebalais ir miltais.

b) Statiniu maišytuvu išmuškite kiaušinius, suberkite vanilės pupelių sėklas, žiupsnelį druskos ir pamažu suberkite cukrų. Plakite vidutiniu greičiu apie 15 minučių, kol kiaušinių tūris padidės trigubai ir taps skysti bei kreminiai.

c) Kartu persijokite miltus ir bulvių krakmolą. Švelniai įmaišykite miltelius į kiaušinių mišinį su mentele aukštyn iki vientisos masės.

d) Tešlą po lygiai paskirstykite tarp dviejų pyrago formų. Kepkite įkaitintoje orkaitėje ant apatinės lentynos apie 50 minučių arba tol, kol dantų krapštukas išeis švarus.

e) Prieš išimdami, leiskite pyragams visiškai atvėsti keptuvėse. Tada perkelkite į aušinimo stovą, kad baigtumėte aušinti.

f) Diplomatinio kremo paruošimas:

g) Tešlos kremui pieną, riebią grietinėlę ir vanilės ankštį (padalytas) pakaitinkite keptuvėje iki beveik užvirimo.

h) Atskirame dubenyje išplakti kiaušinių trynius su cukrumi ir vanilės sėklomis. Kukurūzų krakmolą persijokite į mišinį ir išmaišykite.

i) Vanilės ankštį išimkite iš pieno mišinio ir lėtai supilkite vieną kaušelį karšto pieno į kiaušinių trynių mišinį, maišydami šluotele, kad ištirptų.

j) Viską supilkite atgal į keptuvę su karštu pienu ir virkite ant silpnos ugnies nuolat maišydami, kol sutirštės. Tešlos kremą perkelkite į orkaitei atsparų indą, uždenkite plastikine plėvele ir leiskite visiškai atvėsti.

k) Atskirame dubenyje išplakite šviežią grietinėlę su cukraus pudra iki vientisos masės. Į atvėsusį konditerinį kremą įpilkite šaukštą plaktos grietinėlės ir intensyviai išmaišykite. Tada švelniai įmaišykite likusią plaktą grietinėlę. Uždenkite plastikine plėvele ir šaldykite apie 30 minučių, kad sustingtų.

SIRUPO PARUOŠIMAS :

l) Puode sumaišykite vandenį, cukrų ir Grand Marnier likerį. Kaitinkite ir maišykite, kol cukrus ištirps. Leiskite sirupui atvėsti.

Torto surinkimas:

m) Nupjaukite abiejų biskvitų išorinę plutą, palikite tik šviesesnę dalį, kad sumažintumėte atliekų kiekį.

n) Paimkite vieną biskvitą ir supjaustykite jį į tris vienodus sluoksnius.

o) Pirmąjį sluoksnį dėkite ant serviravimo lėkštės ir suvilgykite sirupu.

p) Ant sudrėkinto sluoksnio užtepkite apie ¼ atšaldyto diplomatinio kremo.

q) Pakartokite su antruoju sluoksniu, sirupu ir grietinėle. Tada uždėkite paskutinį sluoksnį ir pamirkykite jį likusiu sirupu.

r) Torto viršų ir šonus aptepkite likusiu atšaldytu kremu.

s) Antrąjį biskvitą supjaustykite vertikaliais griežinėliais, o tada - mažais kubeliais.

t) Biskvito kubelius išdėliokite ant viso pyrago paviršiaus, įskaitant kraštus.

u) Prieš patiekdami pyragą porą valandų palaikykite šaldytuve.

v) Prieš patiekdami klasikinį Prosecco pyragą apibarstykite cukraus pudra.

SAUGOJIMAS:

w) Surinktą Prosecco tortą šaldytuve galima laikyti iki 3-4 dienų. Vien biskvitą galima laikyti 2 dienas suvyniotą į plastikinę plėvelę arba užšaldytą iki 1 mėnesio. Taip pat kremą galima laikyti 2-3 dienas šaldytuve.

54. Prosecco keksiukai

INGRIDIENTAI:

- 1 dėžutė vanilinio pyrago mišinio
- 1 ¼ puodelio Prosecco, padalinta
- ⅓ puodelio augalinio aliejaus
- 3 dideli kiaušiniai
- 2 arbatiniai šaukšteliai apelsino žievelės, padalinta
- 1 puodelis (2 lazdelės) sviesto, suminkštinto
- 4 puodeliai cukraus pudros
- 1 arbatinis šaukštelis gryno vanilės ekstrakto
- Žiupsnelis košerinės druskos
- Auksinis šlifavimo cukrus
- Apelsinų skiltelės, papuošimui

INSTRUKCIJOS:

a) Įkaitinkite orkaitę iki 350 °F ir išklokite dvi keksiukų formas su keksiukų įklotais.

b) Dideliame dubenyje sumaišykite vanilinio pyrago mišinį su 1 puodeliu Prosecco, augaliniu aliejumi, kiaušiniais ir 1 arbatiniu šaukšteliu apelsino žievelės.

c) Kepkite keksiukus pagal pakuotės nurodymus.

d) Leiskite keksiukams visiškai atvėsti prieš glaistydami.

e) Tuo tarpu paruoškite Prosecco glaistą: dideliame dubenyje rankiniu mikseriu išplakite minkštą sviestą iki šviesaus ir purumo.

f) Įpilkite 3 puodelius cukraus pudros ir plakite, kol neliks gabalėlių.

g) Sumaišykite likusį ¼ puodelio Prosecco, gryno vanilės ekstrakto, likusį arbatinį šaukštelį apelsino žievelės ir žiupsnelį druskos. Plakite, kol gerai susimaišys.

h) Suberkite likusį 1 puodelį cukraus pudros ir plakite, kol glajus taps šviesus ir purus.

i) Atvėsusius keksiukus užšaldykite ofsetine mentele.
j) Papuoškite kiekvieną keksiuką pabarstykite auksiniu šlifavimo cukrumi ir nedideliu apelsino skilteliu.

55. Kraujo apelsino Prosecco pyragas

INGRIDIENTAI:

- 1 ½ puodelio (3 lazdelės) nesūdyto sviesto, kambario temperatūros
- 2 ¾ stiklinės granuliuoto cukraus
- 5 dideli kiaušiniai, kambario temperatūros
- 3 stiklinės išsijotų pyrago miltų
- ½ arbatinio šaukštelio druskos
- 1 puodelis rožinio Moscato arba Prosecco
- 3 šaukštai apelsino žievelės
- 1 valgomasis šaukštas gryno vanilės ekstrakto

PAPRASTAS SIRUPAS:

- ½ puodelio rožinio Moscato arba Prosecco
- ½ puodelio granuliuoto cukraus
- ¼ puodelio šviežių kraujo apelsinų sulčių

Apelsinų glazūra:

- 1 ½ stiklinės konditerinio cukraus
- 3 šaukštai šviežių kraujo apelsinų sulčių

INSTRUKCIJOS:

a) Įkaitinkite orkaitę iki 315 laipsnių F. Apipurkškite 10 puodelių Bundt skardą nepridegančiu kepimo purškalu.

b) Statinio maišytuvo dubenyje sumaišykite cukrų su apelsino žievele. Įtrinkite žievelę į cukrų iki kvapo.

c) Į dubenį įpilkite sviesto, druskos ir grietinėlės kartu su cukrumi. Plakite ant vidutinio stiprumo 7 minutes, kol sviestas taps šviesiai geltonas ir purus.

d) Po vieną įmuškite kiaušinius, kiekvieną kartą gerai išmaišykite ir, jei reikia, nubraukite dubenėlio šonus.

e) Sumažinkite greitį iki mažo ir lėtai suberkite miltus dviem dalimis, maišydami, kol viskas susimaišys. Nepermaišykite.

f) Supilkite „Moscato" ir maišykite, kol viskas susimaišys.

g) Supilkite tešlą į paruoštą skardą ir kepkite 70-80 minučių arba tol, kol į pyrago vidurį įsmeigtas dantų krapštukas išeis švarus.

h) Prieš apversdami ant serviravimo lėkštės, leiskite pyragui atvėsti bent 10 minučių. Šiek tiek atvėsinkite iki kambario temperatūros.

Paprastam sirupui:

i) Mažame puode, pastatytame ant vidutinės ugnies, sumaišykite visus ingredientus ir virkite ant vidutinės-stiprios ugnies.

j) Sumažinkite mišinį maždaug trečdaliu, kol sutirštės, maždaug 5 minutes.

k) Nukelkite nuo ugnies ir leiskite visiškai atvėsti.

GLAZUI:

l) Nedideliame dubenyje suplakite visus ingredientus iki vientisos masės.

m) Torto surinkimas:

n) Visame atvėsusiame pyrage smeigtuku ar šakute pradurkite skylutes.

o) Supilkite paprastą sirupą ant pyrago, kad jis susigertų. Jei norite, pakartokite.

p) Galiausiai tortą aptepkite glajumi ir palikite 10 minučių sustingti.

q) Mėgaukitės šiuo nuostabiu Blood Orange Prosecco pyragu, puikiai tinkančiu šventėms ar bet kuriai ypatingai progai!

56. Prosecco Mousse

INGRIDIENTAI:

- 1 puodelis riebios grietinėlės
- $\frac{1}{4}$ puodelio cukraus pudros
- $\frac{1}{4}$ puodelio Prosecco
- $\frac{1}{4}$ puodelio šviežių apelsinų sulčių
- 1 valgomasis šaukštas apelsino žievelės
- Šviežių apelsinų skiltelės papuošimui

INSTRUKCIJOS:

a) Atšaldytame dubenyje plakite grietinėlę, kol susidarys minkštos smailės.
b) Į plaktą grietinėlę palaipsniui įpilkite cukraus pudros, Prosecco ir šviežių apelsinų sulčių, toliau plakdami.
c) Švelniai įmaišykite apelsino žievelę.
d) Perkelkite Prosecco putėsius į serviravimo taures ar dubenėlius.
e) Šaldykite bent 2 valandas, kad sustingtų.
f) Prieš patiekdami kiekvieną porciją papuoškite šviežiais apelsinų skilteles.

57. Prosecco sūrio pyragaičiai

INGRIDIENTAI:
DĖL PLUTOS:
- 1 ½ puodelio graham krekerių trupinių
- ¼ puodelio granuliuoto cukraus
- ½ stiklinės nesūdyto sviesto, lydyto

SŪRIO PYGALIO Įdarui:
- 16 uncijų grietinėlės sūrio, suminkštintas
- 1 puodelis granuliuoto cukraus
- ¼ puodelio grietinės
- ¼ puodelio Prosecco
- ¼ puodelio šviežių apelsinų sulčių
- 1 valgomasis šaukštas apelsino žievelės
- 3 dideli kiaušiniai
- 1 arbatinis šaukštelis vanilės ekstrakto

INSTRUKCIJOS:
a) Įkaitinkite orkaitę iki 325 °F (160 °C) ir išklokite 9x9 colių kepimo skardą pergamentiniu popieriumi, palikdami iškyšą šonuose.

b) Vidutiniame dubenyje sumaišykite Graham krekerių trupinius, granuliuotą cukrų ir lydytą sviestą.

c) Mišinį įspauskite į paruoštos kepimo formos dugną, kad susidarytų plutelė.

d) Dideliame dubenyje išplakite minkštą grietinėlės sūrį ir granuliuotą cukrų iki vientisos ir kreminės masės.

e) Įpilkite grietinės, Prosecco, šviežių apelsinų sulčių ir apelsino žievelės, maišykite, kol gerai susimaišys.

f) Po vieną įmuškite kiaušinius, tada supilkite vanilės ekstraktą ir išmaišykite iki vientisos masės.

g) Sūrio pyrago įdarą užpilkite ant kepimo skardos plutos.

h) Kepkite įkaitintoje orkaitėje 40-45 minutes arba tol, kol kraštai sustings, o vidurys šiek tiek pasisuks.

i) Leiskite sūrio pyrago batonėliams visiškai atvėsti keptuvėje, tada laikykite šaldytuve mažiausiai 4 valandas prieš supjaustydami kvadratais ir patiekdami.

58. Prosecco torto ritinys

INGRIDIENTAI:

BISPONTUUI:
- 4 dideli kiaušiniai, atskirti
- ¾ puodelio granuliuoto cukraus, padalintas
- ¼ puodelio Prosecco
- ¼ puodelio šviežių apelsinų sulčių
- 1 valgomasis šaukštas apelsino žievelės
- 1 puodelis pyrago miltų
- 1 arbatinis šaukštelis kepimo miltelių
- Žiupsnelis druskos

UŽDARUI:
- 1 puodelis riebios grietinėlės
- ¼ puodelio cukraus pudros
- ¼ puodelio Prosecco
- 1 arbatinis šaukštelis vanilės ekstrakto
- Šviežių apelsinų skiltelės papuošimui
- Cukraus pudra, skirta dulkinimui

INSTRUKCIJOS:

BISPONTUUI:

a) Įkaitinkite orkaitę iki 350 °F (175 °C) ir sutepkite 10x15 colių želė ritininį skardą. Skardą išklokite kepimo popieriumi, palikdami iškyšą šonuose.

b) Dideliame dubenyje išplakite kiaušinių trynius su ½ puodelio granuliuoto cukraus iki šviesios ir purios masės.

c) Įmaišykite Prosecco, šviežias apelsinų sultis ir apelsino žievelę, kol gerai susimaišys.

d) Atskirame dubenyje sumaišykite pyrago miltus, kepimo miltelius ir druską.

e) Palaipsniui suberkite sausus ingredientus į šlapius ingredientus, maišykite, kol tešla taps vientisa.

f) Kitame švariame dubenyje išplakite kiaušinių baltymus iki putų, tada toliau plakdami palaipsniui supilkite likusį $\frac{1}{4}$ puodelio granuliuoto cukraus.
g) Kiaušinių baltymus išplakti iki standžių putų.
h) Švelniai įmaišykite išplaktus baltymus į pyrago tešlą, kol visiškai susimaišys.
i) Supilkite tešlą į paruoštą želė suktinuką ir tolygiai paskirstykite.
j) Kepkite įkaitintoje orkaitėje 12-15 minučių arba kol lengvai palietus pyragas atsigaus.
k) Kol pyragas dar šiltas, atsargiai išimkite jį iš formos, naudodami pergamentinį popierių ir perkelkite ant švaraus paviršiaus.
l) Šiltą pyragą sandariai suvyniokite, pradėdami nuo trumpojo galo, naudodami pergamentinį popierių. Leiskite visiškai atvėsti susuktoje formoje.

UŽDARUI:

m) Atšaldytame dubenyje plakite grietinėlę, kol susidarys minkštos smailės.
n) Į plaktą grietinėlę pamažu suberkite cukraus pudrą, Prosecco ir vanilės ekstraktą, toliau plakdami.
o) Atvėsusį pyragą švelniai išvyniokite ir paviršių tolygiai paskirstykite Prosecco kremo įdaru.
p) Susukite pyragą atgal, šį kartą be pergamento popieriaus, ir perkelkite į serviravimo lėkštę.
q) Papuoškite šviežių apelsinų skiltelėmis ir pabarstykite cukraus pudra.
r) Prosecco pyrago ritinį supjaustykite gabalėliais ir patiekite.

59. Prosecco popsicles

INGRIDIENTAI:

- 1 puodelis šviežių apelsinų sulčių
- ½ puodelio Prosecco
- 2 šaukštai medaus (pagal skonį)
- Šviežių apelsinų griežinėliai arba skilteles

INSTRUKCIJOS:

a) Dubenyje sumaišykite šviežias apelsinų sultis, Prosecco ir medų, kol gerai susimaišys.

b) Į popsios formeles įdėkite keletą šviežių apelsinų griežinėlių ar skilčių.

c) Supilkite Prosecco mišinį ant apelsinų skilteles popsicle formelėse.

d) Į kiekvieną formą įdėkite popsios lazdeles.

e) Šaldykite popsiles mažiausiai 4 valandas arba kol visiškai sustings.

f) Švelniai išimkite popsus iš formelių ir mėgaukitės šiuo lediniu ir gaiviu Prosecco įkvėptu desertu.

60. Prosecco Granita

INGRIDIENTAI:

- ½ stiklinės cukraus
- 1 ¼ puodelio Prosecco
- 1 valgomasis šaukštas laimo sulčių
- 1 puodelis šviežiai spaustų apelsinų sulčių

INSTRUKCIJOS:

a) Dideliame dubenyje suplakite apelsinų sultis ir cukrų, kol cukrus visiškai ištirps.

b) Įmaišykite Prosecco ir laimo sultis, sukurdami puikų Prosecco mišinį.

c) Supilkite mišinį į du ledo kubelių padėklus ir padėkite juos į šaldiklį.

d) Leiskite mišiniui sustingti, kol sutvirtės, o tai paprastai trunka mažiausiai 2 valandas. Vėlesniam naudojimui šaldytus kubelius galite perkelti į plastikinius maišelius su užtrauktuku ir laikyti šaldiklyje iki 1 savaitės.

e) Prieš patiekdami paimkite vieną sluoksnį šaldytų kubelių ir sudėkite juos į virtuvinio kombaino dubenį su plieniniais peiliukais.

f) Maišykite mišinį virtuvės kombainu maždaug 10 ar 12 kartų arba tol, kol neliks didelių ledo gabalėlių, sukurdami gražią granito tekstūrą.

g) Išmeskite Prosecco kristalus į atskirus dubenėlius, kad galėtumėte mėgautis ir mėgautis.

h) Jei reikia daugiau porcijų, pakartokite procesą su likusiais ledo kubeliais.

i) Patiekite Prosecco Granita iš karto, mėgaukitės gaiviu ir vaisiniu skoniu.

j) Ši nuostabi granita puikiai tinka atvėsti šiltomis dienomis arba kaip puikus būdas atšvęsti ypatingas akimirkas. Mėgautis!'

61. Persikai ir uogos Prosecco

INGRIDIENTAI:

- 2 svarai persikų, geriausia aromatingos baltos mėsos veislės
- 2/3 stiklinės granuliuoto cukraus
- 1 1/2 puodelio Prosecco arba kito jauno, vaisinio, sauso baltojo vyno
- 1/2 pintos aviečių
- 1/2 pintos mėlynių
- 1 citrinos žievelė

INSTRUKCIJOS:

a) Pradėkite persikus nuplauti, nulupti, išimti kauliukus ir supjaustyti maždaug 1/4 colio storio gabalėliais. Supjaustytus persikus sudėkite į serviravimo indą.

b) Į dubenį su persikais įpilkite granuliuoto cukraus ir baltojo vyno (Prosecco arba panašaus sauso baltojo vyno). Kruopščiai išmaišykite, kad susimaišytų.

c) Avietes ir mėlynes nuplaukite ir švelniai suberkite į dubenį su persikais ir vyno mišiniu.

d) Iš pusės citrinos nutarkuokite ploną geltoną žievelę, atsargiai, kad neįtrauktumėte karčios baltos šerdies. Į dubenį įpilkite citrinos žievelės.

e) Švelniai išmaišykite dubenėlio turinį kelis kartus jį apversdami.

f) Prieš patiekdami vaisių mišinį laikykite šaldytuve bent 1 valandą arba paruoškite iš anksto, net tos dienos, kurią planuojate patiekti, rytą. Mėgautis!

62. Prosecco keptos kriaušės

INGRIDIENTAI:

- 4 prinokusios kriaušės
- 1 butelis Prosecco
- 1 puodelis granuliuoto cukraus
- 1 vanilės ankštis (susmulkinta ir nubraukta)

INSTRUKCIJOS:

a) Kriaušes nulupkite, palikite nepažeistus stiebus.
b) Dideliame puode sumaišykite „Prosecco", cukrų ir išskobtas vanilės sėklas.
c) Sudėkite kriaušes į puodą ir užvirkite mišinį ant silpnos ugnies.
d) Troškinkite kriaušes apie 20-25 minutes arba tol, kol jos suminkštės, bet nesuminkštės.
e) Išimkite kriaušes ir leiskite joms atvėsti. Toliau virkite brakonieriavimo skystį, kol jis sutirštės į sirupą.
f) Patiekite kriaušes su šlakeliu Prosecco sirupo.

63. Prosecco Berry Parfait

INGRIDIENTAI:

- 1 puodelis mišrių uogų (braškių, mėlynių, aviečių)
- 1 puodelis Prosecco
- 1 puodelis graikiško jogurto
- 2 šaukštai medaus

INSTRUKCIJOS:

a) Dubenyje sumaišykite uogas ir Prosecco, leiskite joms mirkti apie 15 minučių.

b) Serviravimo taurėse Prosecco išmirkytas uogas sluoksniuokite su graikišku jogurtu.

c) Ant viršaus užlašinkite medaus.

d) Pakartokite sluoksnius, baigdami šlakeliu medaus.

64. Prosecco ir aviečių želė

INGRIDIENTAI:

- 1 1/2 puodelio Prosecco
- 1/2 stiklinės vandens
- 1/2 puodelio granuliuoto cukraus
- 2 šaukštai aviečių želatinos
- Šviežios avietės papuošimui

INSTRUKCIJOS:

a) Puode kaitinkite Prosecco, vandenį ir cukrų, kol cukrus ištirps.
b) Nukelkite nuo ugnies ir įmaišykite aviečių želatiną.
c) Supilkite mišinį į atskiras stiklines arba formeles.
d) Atšaldykite šaldytuve, kol sustings (dažniausiai kelias valandas arba per naktį).
e) Prieš patiekdami papuoškite šviežiomis avietėmis.

65. Prosecco ir Lemon Posset

INGRIDIENTAI:

- 2 puodeliai Prosecco
- 1 puodelis riebios grietinėlės
- 1 puodelis granuliuoto cukraus
- 2 citrinų žievelė ir sultys

INSTRUKCIJOS:

a) Puode sumaišykite Prosecco, riebią grietinėlę ir cukrų. Maišydami kaitinkite, kol cukrus ištirps.
b) Įpilkite citrinos žievelės ir sulčių, tada virkite 5 minutes.
c) Supilkite mišinį į serviravimo stiklines ir šaldykite keletą valandų, kol sustings.
d) Prieš patiekdami papuoškite citrinos žievelėmis.

66. Prosecco Tiramisu

INGRIDIENTAI:

- 1 puodelis Prosecco
- 3 dideli kiaušinių tryniai
- 1/2 puodelio granuliuoto cukraus
- 1 puodelis maskarponės sūrio
- 1 puodelis riebios grietinėlės
- 1 šaukštelis vanilės ekstrakto
- 1 pakuotė ladyfingers
- Kakavos milteliai dulkėms valyti
- Espresso (neprivaloma)

INSTRUKCIJOS:

a) Dubenyje išplakite kiaušinių trynius ir cukrų iki tirštos ir šviesios masės.
b) Įmaišykite maskarponės sūrį iki vientisos masės.
c) Atskirame dubenyje išplakite grietinėlę ir vanilės ekstraktą iki standžių putų.
d) Plaktą grietinėlę švelniai įmaišykite į maskarponės mišinį.
e) Pamerkite ladyfingers į Prosecco (ir espreso, jei norite) ir sluoksniuokite juos į serviravimo indą.
f) Mascarpone mišinio sluoksnį paskleiskite ant pirštelių.
g) Pakartokite ladyfinger ir mascarpone sluoksnius, užbaikite maskarponės sluoksniu ant viršaus.
h) Šaldykite keletą valandų arba per naktį.
i) Prieš patiekdami pabarstykite kakavos milteliais.

PARDUOTAI

67. Prosecco ir persikų salsa

INGRIDIENTAI:

- 2 prinokę persikai, supjaustyti kubeliais
- ¼ puodelio raudonojo svogūno, smulkiai supjaustyto
- ¼ puodelio šviežios kalendros, susmulkintos
- 1 laimo sultys
- ¼ puodelio Prosecco
- Druska ir pipirai pagal skonį
- Tortilijos traškučiai patiekimui

INSTRUKCIJOS:

a) Dubenyje sumaišykite kubeliais pjaustytus persikus, raudonąjį svogūną, kalendrą, laimo sultis ir Prosecco.
b) Pagardinkite druska ir pipirais pagal skonį.
c) Gerai išmaišykite, kad susimaišytų visi skoniai.
d) Palikite salsą apie 15 minučių, kad skoniai susimaišytų.
e) Patiekite Prosecco ir persikų salsą su tortilijos traškučiais, kad gautumėte gaivų ir vaisinį užkandį.

68. Prosecco želė

INGRIDIENTAI:
- 2 puodeliai Prosecco
- 1 puodelis cukraus
- 1 pakelis (apie 1,75 uncijos) vaisių pektino miltelių
- Citrinų sultys (nebūtina, rūgštingumui)

INSTRUKCIJOS:
a) Dideliame puode sumaišykite Prosecco ir cukrų.
b) Maišykite ant vidutinės ugnies, kol cukrus ištirps.
c) Įpilkite vaisių pektino miltelių ir maišykite, kad įsimaišytų.
d) Mišinį užvirinkite ir nuolat maišydami virkite apie 1 minutę.
e) Nukelkite puodą nuo ugnies ir nugriebkite visas susidariusias putas.
f) Jei norite, įlašinkite citrinos sulčių rūgštingumui.
g) Supilkite Prosecco želė į sterilizuotus stiklainius ir leiskite atvėsti iki kambario temperatūros.
h) Šaldykite želė, kol sustings.
i) Užtepkite ant skrebučio, patiekite su sūriu arba naudokite kaip glajų prie mėsos ar keptų daržovių.

69. Prosecco garstyčios

INGRIDIENTAI:

- ¼ puodelio geltonųjų garstyčių sėklų
- ¼ puodelio rudųjų garstyčių sėklų
- ½ puodelio Prosecco
- ¼ puodelio baltojo vyno acto
- 1 valgomasis šaukštas medaus
- ½ arbatinio šaukštelio druskos

INSTRUKCIJOS:

a) Dubenyje sumaišykite geltonąsias ir rudąsias garstyčių sėklas.

b) Atskirame dubenyje sumaišykite Prosecco, baltojo vyno actą, medų ir druską.

c) Supilkite Prosecco mišinį ant garstyčių sėklų ir išmaišykite, kad susimaišytų.

d) Leiskite mišiniui stovėti kambario temperatūroje apie 24 valandas, retkarčiais pamaišydami.

e) Perkelkite mišinį į trintuvą arba virtuvinį kombainą ir plakite, kol pasieksite norimą konsistenciją.

f) Prosecco garstyčias laikykite sandariame inde šaldytuve.

g) Naudokite jį kaip pagardą sumuštiniams, mėsainiams arba kaip padažą prie pusgaminių ir užkandžių.

70. Prosecco sviestas

INGRIDIENTAI:

- ½ stiklinės nesūdyto sviesto, suminkštinto
- 2 šaukštai Prosecco
- 1 arbatinis šaukštelis citrinos žievelės
- ½ arbatinio šaukštelio druskos

INSTRUKCIJOS:

a) Dubenyje sumaišykite minkštą sviestą, Prosecco, citrinos žievelę ir druską.

b) Maišykite arba plakite, kol gerai susimaišys ir taps vientisa.

c) Perkelkite „Prosecco" sviestą į nedidelį indą arba plastikine plėvele suformuokite rąstą.

d) Šaldykite iki standumo.

e) Naudokite Prosecco sviestą ant grotelių keptų kepsnių, ištirpinkite ant skrudintų daržovių arba tepkite ant šviežios duonos.

71. Prosecco citrinų varškė

INGRIDIENTAI:

- 3 citrinų žievelė
- 1 puodelis šviežiai spaustų citrinų sulčių (apie 4-5 citrinos)
- 1 puodelis granuliuoto cukraus
- 4 dideli kiaušiniai
- $\frac{1}{2}$ puodelio nesūdyto sviesto, kubeliais
- $\frac{1}{4}$ puodelio Prosecco

INSTRUKCIJOS:

a) Karščiui atspariame dubenyje suplakite citrinos žievelę, citrinos sultis, cukrų ir kiaušinius, kol gerai susimaišys.

b) Padėkite dubenį ant puodo su verdančiu vandeniu ir įsitikinkite, kad dubens dugnas neliestų vandens. Taip sukuriama dvigubo katilo sąranka.

c) Virkite mišinį nuolat maišydami šluotele arba mediniu šaukštu, kol jis sutirštės ir padengs šaukšto nugarėlę. Šis procesas paprastai trunka apie 10-15 minučių.

d) Kai mišinys sutirštės, nukelkite dubenį nuo ugnies.

e) Į varškę suberkite kubeliais supjaustytą sviestą ir maišykite, kol sviestas išsilydys ir visiškai susimaišys.

f) Įmaišykite Prosecco, kol gerai susimaišys.

g) Leiskite varškei keletą minučių atvėsti, tada supilkite į švarų stiklainį arba sandarų indą.

h) Stiklainį arba talpyklą uždenkite dangteliu arba plastikine plėvele ir įsitikinkite, kad jis tiesiogiai liečiasi su varškės paviršiumi, kad nesusidarytų odelė.

i) Šaldykite „Prosecco Lemon Curd" mažiausiai 2 valandas arba tol, kol ji atvės ir sustings.

j) Šaldytuve varškę galima laikyti iki 2 savaičių.

72. Prosecco Aioli

INGRIDIENTAI:

- ½ puodelio majonezo
- 1 valgomasis šaukštas Prosecco
- 1 citrinos žievelė ir sultys
- 1 skiltelė česnako, susmulkinta
- Druska ir pipirai pagal skonį

INSTRUKCIJOS:

a) Mažame dubenyje sumaišykite majonezą, Prosecco, citrinos žievelę, citrinos sultis, maltą česnaką, druską ir pipirus.

b) Paragaukite ir, jei reikia, pakoreguokite prieskonius.

c) Uždenkite dubenį ir šaldykite Prosecco aioli mažiausiai 30 minučių, kad skoniai susimaišytų.

d) Patiekite aioli kaip skanų padažą prie bulvyčių, tepkite ant sumuštinių arba naudokite kaip kreminį mėsainių ar ant grotelių keptų daržovių užpilą.

73. Prosecco medaus garstyčios

INGRIDIENTAI:

- ¼ puodelio Dižono garstyčių
- 2 šaukštai medaus
- 2 šaukštai Prosecco
- 1 citrinos žievelė ir sultys
- Druska ir pipirai pagal skonį

INSTRUKCIJOS:

a) Dubenyje sumaišykite Dižono garstyčias, medų, Prosecco, citrinos žievelę, citrinos sultis, druską ir pipirus.
b) Paragaukite ir, jei norite, pakoreguokite prieskonius.
c) Uždenkite dubenį ir prieš naudodami "Prosecco" medaus garstyčias laikykite šaldytuve bent 30 minučių.
d) Medaus garstyčias naudokite kaip kvapnų sumuštinių ir mėsainių pagardą arba kaip padažą prie vištienos minkštimo ar pyrago.

74. Prosecco žolelių sviestas

INGRIDIENTAI:

- ½ stiklinės nesūdyto sviesto, suminkštinto
- 1 valgomasis šaukštas Prosecco
- 1 valgomasis šaukštas kapotų šviežių žolelių (tokių kaip petražolės, čiobreliai arba bazilikas)
- 1 citrinos žievelė
- Druska ir pipirai pagal skonį

INSTRUKCIJOS:

a) Dubenyje sumaišykite minkštą sviestą, Prosecco, kapotas šviežias žoleles, citrinos žievelę, druską ir pipirus. Gerai išmaišykite, kad susimaišytų visi ingredientai.

b) Perkelkite aromatintą sviestą ant plastikinės plėvelės lakšto ir suformuokite rąstą arba sandariai apvyniokite plastikine plėvele.

c) Šaldykite Prosecco žolelių sviestą bent 1 valandai, kad jis sutvirtėtų ir skoniai susimaišytų.

d) Sviestą supjaustykite gabalėliais arba naudokite kaip užtepėlę duonai, bandeliams arba ant grotelių keptai mėsai ir daržovėms. Žolelėmis užpiltas sviestas jūsų patiekalams suteikia puikaus aštrumo ir aromatingumo.

75. Prosecco Salsa Verde

INGRIDIENTAI:

- 1 puodelis šviežių petražolių lapelių, susmulkintų
- ¼ puodelio šviežių baziliko lapelių, susmulkintų
- 2 šaukštai kaparėlių, nusausinti ir susmulkinti
- 2 skiltelės česnako, susmulkintos
- 2 šaukštai smulkiai pjaustytų askaloninių česnakų
- 2 šaukštai Prosecco
- 1 citrinos žievelė ir sultys
- ¼ puodelio alyvuogių aliejaus
- Druska ir pipirai pagal skonį

INSTRUKCIJOS:

a) Dubenyje sumaišykite kapotas petražoles, bazilikus, kaparėlius, smulkintą česnaką, askaloninius česnakus, Prosecco, citrinos žievelę, citrinos sultis, alyvuogių aliejų, druską ir pipirus.

b) Gerai išmaišykite, kad visi ingredientai susimaišytų.

c) Paragaukite ir, jei reikia, pakoreguokite prieskonius.

d) Palikite Prosecco salsa Verde bent 15–30 minučių, kad skoniai susimaišytų.

e) Patiekite salsa verde kaip skanų ant grotelių keptos žuvies arba skrudintų daržovių pagardą arba naudokite kaip kvapnų užpilą salotoms.

KOKTEILIAI

76. Aperol Spritz

INGRIDIENTAI:

- 3 uncijos prosecco
- 2 uncijos Aperol
- 1 uncija klubinės sodos
- Garnyras: apelsino griežinėlis

INSTRUKCIJOS:

a) Vyno taurėje, pripildytoje ledo, išplakite prosecco, Aperol ir soda.

b) Įdėkite apelsino griežinėlį kaip garnyrą.

77. Prosecco ir apelsinų sulčių mimosas

INGRIDIENTAI:
- 1 butelis Prosecco
- 2 puodeliai apelsinų sulčių
- Apelsinų griežinėliai papuošimui

INSTRUKCIJOS:
a) Užpildykite šampano fleitas iki pusės atšaldytu Prosecco.
b) Užpildykite stiklines apelsinų sultimis.
c) Kiekvieną stiklinę papuoškite apelsino skiltele.
d) Patiekite iš karto ir mėgaukitės gaivinančia Prosecco mimoza.

78. Hibiscus Spritz

INGRIDIENTAI:

- 2 uncijos prosecco arba putojančio vyno
- 1 uncijos hibisko sirupas
- ½ uncijos šeivamedžio žiedų likerio
- Klubo soda
- Citrinos griežinėliai arba valgomos gėlės papuošimui
- Ledo kubeliai

INSTRUKCIJOS:

a) Užpildykite vyno taurę ledo kubeliais.
b) Į stiklinę įpilkite hibisko sirupo ir šeivamedžio žiedų likerio.
c) Švelniai išmaišykite, kad susijungtų skoniai.
d) Užpildykite taurę prosecco arba putojančiu vynu.
e) Įpilkite šlakelį sodos, kad gautumėte putų.
f) Papuoškite citrinos griežinėliais arba valgomomis gėlėmis.
g) Prieš gurkšnodami švelniai išmaišykite.
h) Mėgaukitės putojančiu ir gėlėmis Hibiscus Spritz.

79. Šampano mulai

INGRIDIENTAI:

- 2 uncijos ml degtinės
- 2 uncijos šviežių laimo sulčių
- 4 uncijos imbierinio alaus
- Atšaldytas prosecco, užpilui
- Laimo skiltelės, patiekimui
- Mėtų, patiekimui

INSTRUKCIJOS:

a) Į dvi stiklines supilkite degtinę ir šviežias laimo sultis, po to kiekvieną stiklinę užpilkite imbieriniu alumi.
b) Užpilkite prosecco, tada papuoškite laimais ir mėtomis.
c) Patiekite šaltą.

80. Hugo

INGRIDIENTAI:

- 15 cl Prosecco, atšaldyta
- 2 cl šeivamedžio uogų sirupo arba melisos sirupo
- pora mėtų lapelių
- 1 šviežiai spaustos citrinos sultys arba laimo sultys
- 3 ledo kubeliai
- šrato gazuoto mineralinio vandens arba sodos vandens
- supjaustykite citrinos arba laimo griežinėliais taurės papuošimui arba kaip garnyrą

INSTRUKCIJOS:

a) Į raudonojo vyno taurę sudėkite ledo kubelius, sirupą ir mėtų lapelius.

b) Į stiklinę supilkite šviežiai spaustas citrinos arba laimo sultis. Į stiklinę įdėkite citrinos arba laimo griežinėlį ir įpilkite vėsaus Prosecco.

c) Po kelių akimirkų įpilkite šlakelį gazuoto mineralinio vandens.

81. Prosecco Mojito

INGRIDIENTAI:

- 1 oz baltojo romo
- ½ uncijos šviežių laimo sulčių
- ½ uncijos paprasto sirupo
- 6-8 šviežių mėtų lapelių
- Prosecco, atšaldytas
- Laimo skiltelės papuošimui
- Mėtų šakelės papuošimui

INSTRUKCIJOS:

a) Kokteilių plaktuvėje sumaišykite šviežius mėtų lapus su laimo sultimis ir paprastu sirupu.
b) Įpilkite baltojo romo ir užpildykite plaktuvą ledu.
c) Gerai suplakite, kad susimaišytų.
d) Supilkite mišinį į stiklinę, užpildytą ledu.
e) Ant viršaus uždėkite atšaldytą Prosecco.
f) Papuoškite žaliosios citrinos skiltelėmis ir mėtų šakelėmis.
g) Švelniai išmaišykite ir mėgaukitės gaiviu Prosecco Mojito.

82. Sgroppino

INGRIDIENTAI:
- 4 uncijos. degtinės
- 8 uncijos. Prosecco
- 1 partija citrininio šerbeto
- Neprivalomi garnyrai
- citrinos žievelės
- citrinos skiltelės
- citrinos posūkis
- šviežių mėtų lapelių
- švieži baziliko lapeliai

INSTRUKCIJOS:
a) Blenderyje sumaišykite pirmuosius tris ingredientus.
b) Apdoroti iki vientisos masės ir sumaišyti.
c) Patiekite šampano fleitose arba vyno taurėse.

83. Prosecco Bellini

INGRIDIENTAI:

- 2 uncijos persikų tyrės arba persikų nektaro
- Prosecco, atšaldytas
- Persikų griežinėliai papuošimui

INSTRUKCIJOS:

a) Persikų tyrę arba persikų nektarą supilkite į atšaldytą šampano fleitą.
b) Ant viršaus uždėkite atšaldytą Prosecco, užpildydami stiklinę.
c) Švelniai išmaišykite, kad susimaišytų.
d) Papuoškite šviežio persiko griežinėliu.
e) Gurkšnokite ir mėgaukitės klasikiniu ir elegantišku Prosecco Bellini.

84. Prosecco Margarita

INGRIDIENTAI:
- 1½ uncijos sidabrinės tekilos
- 1 oz šviežių laimo sulčių
- 1 oz paprastas sirupas
- ½ uncijos apelsinų likerio (pvz., trigubos sekundės)
- Prosecco, atšaldytas
- Laimo skiltelės papuošimui
- Druska arba cukrus apipjaustymui (nebūtina)

INSTRUKCIJOS:
a) Jei norite, stiklinę apibarstykite druska arba cukrumi, panardindami kraštelį į laimo sultis, o paskui į druską arba cukrų.

b) Kokteilių plaktuvėje sumaišykite tekilą, laimo sultis, paprastą sirupą ir apelsinų likerį.

c) Užpildykite purtyklę ledu ir stipriai purtykite.

d) Supilkite mišinį į stiklinę, užpildytą ledu.

e) Ant viršaus uždėkite atšaldytą Prosecco.

f) Papuoškite laimo skiltelėmis.

g) Švelniai išmaišykite ir mėgaukitės putojančiu Prosecco Margarita.

85. Prosecco Ginger Fizz

INGRIDIENTAI:
- 2 uncijos imbiero likerio
- ½ uncijos šviežių laimo sulčių
- ½ uncijos paprasto sirupo
- Prosecco, atšaldytas
- Iškristalizuotas imbieras papuošimui

INSTRUKCIJOS:
a) Kokteilių plaktuvėje sumaišykite imbiero likerį, laimo sultis ir paprastą sirupą.
b) Užpildykite purtyklę ledu ir gerai suplakite.
c) Supilkite mišinį į stiklinę, užpildytą ledu.
d) Ant viršaus uždėkite atšaldytą Prosecco.
e) Papuoškite kristalizuoto imbiero gabalėliu.
f) Švelniai išmaišykite ir mėgaukitės putojančiu Prosecco Ginger Fizz.

86. Prosecco French 75

INGRIDIENTAI:

- 1 uncija džino
- ½ uncijos šviežių citrinų sulčių
- ½ uncijos paprasto sirupo
- Prosecco, atšaldytas
- Garnyrui citrinos posūkis

INSTRUKCIJOS:

a) Kokteilių plaktuvėje sumaišykite džiną, citrinos sultis ir paprastą sirupą.
b) Užpildykite purtyklę ledu ir gerai suplakite.
c) Mišinį perkoškite į šampano fleitą.
d) Ant viršaus uždėkite atšaldytą Prosecco.
e) Papuoškite citrinos griežinėliais.
f) Gurkšnokite ir mėgaukitės klasikiniu putojančiu Prosecco French 75.

87. Prosecco granatų punšas

INGRIDIENTAI:
- 2 puodeliai granatų sulčių
- 1 puodelis apelsinų sulčių
- $\frac{1}{2}$ puodelio spanguolių sulčių
- $\frac{1}{4}$ puodelio šviežių laimo sulčių
- 2 šaukštai agavų sirupo arba medaus
- Prosecco, atšaldytas
- Granatų sėklos ir žaliosios citrinos griežinėliai papuošimui

INSTRUKCIJOS:
a) Indelyje sumaišykite granatų sultis, apelsinų sultis, spanguolių sultis, laimo sultis ir agavų sirupą arba medų.
b) Maišykite, kol gerai susimaišys ir saldiklis ištirps.
c) Į ąsotį įpilkite atšaldytą Prosecco ir švelniai išmaišykite.
d) Pripildykite stiklines ledo ir užpilkite Prosecco granatų punšą ant ledo.
e) Papuoškite granatų sėklomis ir laimo griežinėliais.
f) Gurkšnokite ir mėgaukitės vaisiniu ir putojančiu Prosecco granatų punšu.

88. Rubino ir rozmarino Prosecco kokteilis

INGRIDIENTAI:
- 1 šakelė šviežio rozmarino
- 1 uncijos rubino greipfrutų sultys
- ½ uncijos rozmarino paprasto sirupo (receptas žemiau)
- Atšaldytas Prosecco arba bet koks putojantis baltasis vynas
- Rubininio greipfruto griežinėliai arba rozmarino šakelės papuošimui

PAPRASTAM ROZMARIŲ SIRUPUI:
- ½ puodelio vandens
- ½ puodelio granuliuoto cukraus
- 2 šakelės šviežio rozmarino

INSTRUKCIJOS:
a) Paruoškite paprastą rozmarinų sirupą mažame puode sumaišykite vandenį, cukrų ir rozmarino šakeles. Mišinį užvirinkite ant vidutinės ugnies, retkarčiais pamaišydami, kol cukrus visiškai ištirps.

b) Nukelkite puodą nuo ugnies ir leiskite rozmarinui įsilieti sirupe apie 10 minučių. Tada nukoškite rozmarino šakeles ir leiskite paprastam sirupui atvėsti.

c) Kokteilių plaktuvėje švelniai sumaišykite šviežią rozmarino šakelę, kad išsiskirtų jos aromatas.

d) Į plaktuvą įpilkite rubininių greipfrutų sulčių ir paprasto rozmarino sirupo. Užpildykite purtyklę ledu.

e) Energingai purtykite mišinį maždaug 15-20 sekundžių, kad ingredientai atvėstų.

f) Kokteilį perkoškite į atšaldytą taurę arba fleitą.

g) Užpildykite kokteilį atšaldytu Prosecco, leiskite jam švelniai susimaišyti su kitais ingredientais.

h) Papuoškite gėrimą rubino greipfruto skiltele arba šviežio rozmarino šakele.
i) Patiekite Rubino ir rozmarino Prosecco kokteilį iš karto ir mėgaukitės!

89. Prosecco elderflower kokteilis

INGRIDIENTAI:

- 1 uncijos šeivamedžio žiedų likerio (pvz., St-Germain)
- ½ uncijos šviežių citrinų sulčių
- Prosecco, atšaldytas
- Valgomos gėlės papuošimui (nebūtina)

INSTRUKCIJOS:

a) Užpildykite vyno taurę ledo kubeliais.
b) Įpilkite šeivamedžio žiedų likerio ir šviežių citrinų sulčių.
c) Ant viršaus uždėkite atšaldytą Prosecco.
d) Švelniai išmaišykite, kad susijungtumėte.
e) Jei norite, papuoškite valgomomis gėlėmis.
f) Gurkšnokite ir mėgaukitės gėlių ir putojančiu Prosecco Elderflower kokteiliu.

90. Rožinis greipfrutų kokteilis

INGRIDIENTAI:

- 1 puodelis šviežiai spaustų rožinių greipfrutų sulčių
- ⅛ puodelio aviečių likerio
- 2 buteliai saldaus Prosecco
- 2 rožiniai greipfrutai, supjaustyti garnyrui
- Šviežios mėtos papuošimui
- Ledo kubeliai

INSTRUKCIJOS:

a) Ąsotyje sumaišykite šviežiai spaustas rausvų greipfrutų sultis, aviečių likerį ir saldųjį Prosecco.
b) Įdėkite ledo kubelių padėklą, kad Prosecco atvėstų.
c) Gerai išmaišykite mišinį, kad susimaišytų skoniai.
d) Įdėkite 1 rožinio greipfruto griežinėlius ir saują šviežių mėtų, kad pagerintumėte aromatą ir pateikimą.
e) Patiekdami supilkite Prosecco į taures su rožinio greipfruto skiltele išilgai kraštelio ir papuoškite šviežiomis mėtomis.
f) Pakelkite taurę, paskrudinkite iki puikių priešpiečių ir mėgaukitės!

91. Prosecco ananasų sorbetas

INGRIDIENTAI:
ANANASŲ SORBETAS:
- 2 uncijos ananasų sulčių
- 4 uncijos agavų sirupo
- 16 uncijų šaldytų ananasų

PROSECCO + ANANASŲ SORBET PLŪDĖ:
- Ananasų šerbetas (pagal aukščiau pateiktą receptą)
- Prosecco

INSTRUKCIJOS:
ANANASŲ SORBETAS:
a) Blenderyje sumaišykite ananasų sultis ir agavą.
b) Įpilkite maždaug ketvirtadalį šaldytų ananasų ir plakite, kol sumaišysite.
c) Lėtai sudėkite likusius šaldytus ananasus, pulsuodami kiekvieną kartą. Tikslas yra išlaikyti šaldytą kokteilį primenančią konsistenciją.
d) Supilkite mišinį į indą ir padėkite į šaldiklį, kad sustingtų per naktį.

PROSECCO PINEAPPLE SORBET FLOAT:
e) Į stiklinės dugną įdėkite kaušelį paruošto ananasų šerbeto.
f) Atidarykite „Prosecco" butelį ir užpilkite jį ant taurėje esančio šerbeto.
g) Jei norite, plūdę papuoškite ananaso griežinėliais, mėtų lapeliais ar valgomomis gėlėmis.

92. Aviečių limonadas Kokteilis

INGRIDIENTAI:

- 3 uncijos Prosecco
- 3 uncijos aviečių limonado
- Rožiniai arba raudoni cukraus pabarstukai
- 2-3 šviežios avietės

INSTRUKCIJOS:

a) Stiklinių apvadai: Supilkite nedidelį kiekį aviečių limonado ant lėkštės ar negilaus dubens. Tą patį padarykite su rožiniais arba raudonais cukraus pabarstukais ant atskiros lėkštės.

b) Įmerkite Prosecco fleitos kraštą į aviečių limonadą, būtinai padengdami visą kraštą.

c) Tada panardinkite dengtą stiklo kraštelį į spalvotą cukrų, kad sukurtumėte dekoratyvinį cukraus apvadą.

d) Į paruoštą stiklinę supilkite aviečių limonadą ir Prosecco ir švelniai išmaišykite, kad skoniai susimaišytų.

e) Į kokteilį įlašinkite 2-3 šviežias avietes, kad gautumėte papildomo vaisių skonio.

f) Patiekite aviečių limonado „Proseccos" ir mėgaukitės šiuo nuostabiu bei gaiviu kokteiliu priešpiečių su merginomis metu.

93. Apelsinų sorbetas Kokteilis

INGRIDIENTAI:

- 2 puodeliai šviežių apelsinų sulčių
- ½ puodelio vandens
- ¾ puodelio medaus arba agavos nektaro, pagal skonį
- Prosecco

INSTRUKCIJOS:

a) Maišymo dubenyje sumaišykite šviežias apelsinų sultis, vandenį ir medų (arba agavos nektarą), kol gerai susimaišys.

b) Supilkite mišinį į ledų gaminimo aparatą ir užšaldykite pagal gamintojo nurodymus. Arba galite supilti mišinį į indą ir užšaldyti šaldiklyje, kol pasieks šerbeto konsistenciją.

c) Kai apelsinų šerbetas bus paruoštas, supilkite jį į Prosecco taures.

d) Užpildykite šerbetą Prosecco.

94. Elderflower Blood Orange Kokteilis

INGRIDIENTAI:

- 750 ml Prosecco buteliukas
- 8 arbatiniai šaukšteliai sidabrinės tekilos
- 8 arbatiniai šaukšteliai šeivamedžio žiedų likerio
- ⅓ puodelio šviežiai spaustų kraujo apelsinų sulčių
- 1 kraujo apelsinas, plonais griežinėliais papuošimui (nebūtina)

INSTRUKCIJOS:

a) Jei norite, į kiekvieną iš keturių Prosecco fleitų įdėkite po ploną kraujo apelsino griežinėlį, kad papuoštumėte elegantišką.

b) Į kiekvieną Prosecco fleitą įpilkite po 2 arbatinius šaukštelius sidabrinės tekilos, tolygiai paskirstydami.

c) Tada į kiekvieną fleitą įpilkite 2 arbatinius šaukštelius šeivamedžio žiedų likerio.

d) Lygiai taip pat paskirstykite šviežiai spaustas kraujo apelsinų sultis tarp keturių Prosecco fleitų. Kiekviena fleita turi gauti šiek tiek mažiau nei 4 arbatinius šaukštelius sulčių.

e) Atsargiai supilkite Prosecco į kiekvieną fleitą, leiskite burbulams nusistovėti tarp pilimų. Užpildykite kiekvieną stiklinę iki krašto Prosecco.

f) Nedelsdami patiekite elderflower Blood Orange Prosecco ir mėgaukitės nuostabiu skonių ir putojimo deriniu.

95. Prosecco ir apelsinų sultys Kokteilis

INGRIDIENTAI:
- 1 butelis Prosecco
- 2 puodeliai apelsinų sulčių
- Apelsinų griežinėliai papuošimui

INSTRUKCIJOS:
e) Užpildykite Prosecco fleitas iki pusės atšaldytu Prosecco.
f) Užpildykite stiklines apelsinų sultimis.
g) Kiekvieną stiklinę papuoškite apelsino skiltele.
h) Patiekite iš karto ir mėgaukitės gaiviu Prosecco Prosecco.

96. Pasifloros vaisius Kokteilis

INGRIDIENTAI:

- 1 puodelis atšaldyto Prosecco
- ½ puodelio atšaldyto pasifloros vaisių nektaro arba sulčių

INSTRUKCIJOS:

a) Atšaldytą Prosecco tolygiai padalinkite į dvi stiklines.

b) Kiekvieną gėrimą užpilkite atšaldytu pasifloros vaisių nektaru arba sultimis. Į kiekvieną stiklinę galite įpilti 3-4 šaukštus nektaro arba sulčių.

c) Švelniai išmaišykite mišinį, kad susimaišytų skoniai.

d) Nedelsdami patiekite pasiflorų vaisių, mėgaudamiesi saldžiu ir atogrąžų pasiflorų skoniu kartu su putojančiu Prosecco.

e) Šis egzotiškas ir gaivus kokteilis puikiai tiks ypatingiems vėlyviesiems pusryčiams, šventei ar tiesiog pasilepinti gardžiu gėrimu.

f) Mėgaukitės nepakartojamu ir žaviu šių pasiflorų vaisių Prosecco skoniu! Sveikinu!

97. Persikai Prosecco kokteilis

INGRIDIENTAI:

- 2 puodeliai Persikų nektaro, atšaldyto
- 1 ⅓ puodeliai Apelsinų sultys, atšaldytos
- ⅔ puodelio Grenadine sirupo
- 1 butelis brut Prosecco, atšaldytas

INSTRUKCIJOS:

a) Dideliame ąsotyje sumaišykite atšaldytą persikų nektarą ir apelsinų sultis. Gerai išmaišykite, kad skoniai susimaišytų.

b) Paimkite 10 Prosecco stiklinių ir į kiekvieną stiklinę įdėkite po 1 valgomąjį šaukštą grenadino sirupo.

c) Į kiekvieną Prosecco stiklinę ant grenadino sirupo užpilkite maždaug ⅓ puodelio apelsinų sulčių mišinio.

d) Galiausiai ant kiekvienos stiklinės užpilkite atšaldytą Prosecco, pripildykite ją iki kraštų.

e) Patiekite Peach Prosecco nedelsdami ir mėgaukitės putojančiu ir vaisiniu gėriu.

f) Šie puikūs „Proseccos" puikiai tiks iškilmingoms progoms, priešpiečių susibūrimams ar bet kada, kai norite savo dienai suteikti persikinio saldumo.

g) Sveikiname persikų proseckos skanumą! Mėgaukitės atsakingai ir mėgaukitės nuostabiu skonių deriniu.

98. Ananasas Prosecco kokteilis

INGRIDIENTAI:

- 750 mililitrų Prosecco butelis
- 2 puodeliai ananasų sulčių
- ½ puodelio apelsinų sulčių
- Apelsinų griežinėliai, patiekimui
- Ananaso griežinėliai, patiekimui

INSTRUKCIJOS:

a) Sumaišykite Prosecco, ananasų sultis ir apelsinų sultis.

b) Maišykite, kol gerai susimaišys.

c) Užpildykite Prosecco stiklines ir prieš patiekdami uždėkite vaisių griežinėlius.

99. Prosecco Sangria

INGRIDIENTAI:

- 3 puodeliai vaisių sulčių
- 3 puodeliai šviežių vaisių (jei reikia, griežinėliais arba kubeliais)
- ½ puodelio vaisinio likerio (tokio kaip Cointreau, Grand Marnier arba Chambord)
- 1 butelis sauso Prosecco, atšaldyto

INSTRUKCIJOS:

a) Sumaišykite sultis, vaisius ir likerį dideliame stiklainyje (arba ąsotyje, jei tiekiama iš vieno) ir leiskite skoniams susimaišyti mažiausiai 1 valandą.

b) Jei aušintuve turite vietos, mišinį laikykite atšaldytą, kol būsite pasiruošę naudoti.

c) Įdėkite „Prosecco" į stiklainį (arba ąsotį) ir nedelsdami patiekite.

d) Arba galite užpildyti atskiras stiklines maždaug trečdaliu sulčių mišinio ir užpilti Prosecco.

100. Braškių Prosecco kokteilis

INGRIDIENTAI:

- 2 uncijos apelsinų sulčių
- 2 uncijos braškių
- ½ uncijos braškių sirupo
- 4 uncijos Prosecco

INSTRUKCIJOS:

a) Blenderiu sutrinkite apelsinų sultis, braškes ir braškių sirupą iki vientisos masės.
b) Supilkite į kokteilio taurę.
c) Viršuje su Prosecco.
d) Papuoškite braškėmis ir apelsino skiltele.

IŠVADA

Kai artėjame prie „Burbulai ir kąsneliai: Prosecco Cookbook" pabaigos, tikimės, kad jums patiko ši kelionė į Prosecco prisotintų malonumų pasaulį. Ištyrėme daugybę receptų – nuo pusryčių iki užkandžių ir pagrindinių patiekalų – visi jie pasižymi Prosecco blizgesiu ir elegancija. Tai buvo skonių ir kūrybiškumo nuotykis, atrandant, kaip „Prosecco" gali pagerinti tiek saldžius, tiek pikantiškus patiekalus ir suteikti jūsų kulinariniam repertuarui rafinuotumo.

Tikimės, kad ši kulinarijos knyga įkvėpė jus eksperimentuoti su Prosecco savo virtuvėje, leisdama sukurti įsimintinų patiekalų ir įspūdžių sau ir savo artimiesiems. Atminkite, kad „Prosecco" yra ne tik gėrimas, skirtas skrudinti ypatingomis progomis – tai universalus ingredientas, galintis patobulinti jūsų kasdienį gaminimą ir suteikti kiekvienam valgiui šventiškumo.

Nuo malonių priešpiečių kokteilių iki išskirtinių vakarienės derinių – „Prosecco" įrodė savo gebėjimą patobulinti ir patobulinti įvairius patiekalus. Taigi, toliau tyrinėkite kulinarines „Prosecco" galimybes, paįvairindami savo receptus ryškių skonių ir putojimo. Pasidalykite savo kūriniais su draugais ir šeimos nariais ir mėgaukitės džiaugsmu, kurį teikia naujų ir skanių skonių atradimas.

Tikimės, kad „Burbulai ir kąsniai: Prosecco kulinarijos knyga" paskatino jūsų kūrybiškumą ir paliko naujai supratus

Prosecco magiją virtuvėje. Linksmi kulinariniai nuotykiai ir žavingas Prosecco gėrybių pasaulis!

www.ingramcontent.com/pod-product-compliance
Lightning Source LLC
Chambersburg PA
CBHW071316110526
44591CB00010B/908